玩赚微信视频号

钟二毛　佐强　著

中国铁道出版社有限公司
CHINA RAILWAY PUBLISHING HOUSE CO., LTD.

图书在版编目(CIP)数据

玩赚微信视频号/钟二毛,佐强著. —北京:中国铁道出版社有限公司,2021.4

ISBN 978-7-113-27414-6

Ⅰ.①玩… Ⅱ.①钟… ②佐… Ⅲ.①网络营销 Ⅳ.①F713.365.2

中国版本图书馆CIP数据核字(2020)第230517号

书　　名: 玩赚微信视频号
WAN ZHUAN WEIXIN SHIPINHAO

作　　者: 钟二毛　佐　强

责任编辑: 马慧君　　**电话:** (010)51873005　　**投稿邮箱:** zzmhj1030@163.com

封面设计: 王　岩

责任校对: 苗　丹

责任印制: 赵星辰

出版发行: 中国铁道出版社有限公司(100054,北京市西城区右安门西街8号)

网　　址: http://www.tdpress.com

印　　刷: 三河市宏盛印务有限公司

版　　次: 2021年4月第1版　2021年4月第1次印刷

开　　本: 700 mm×1 000 mm 1/16　印张:13　字数:162千

书　　号: ISBN 978-7-113-27414-6

定　　价: 55.00元

序

大众传播迎来“视频号时代”

1973 年 4 月 3 日，一位美国中年人右手举着一个笨重的塑料“砖头”，用兴奋又克制的声音说：“乔，我正在用一部便携式蜂窝电话跟你通话。”

这个中年人叫马丁 · 库帕。45 岁的他，是摩托罗拉公司的工程师。乔是他的对手机构贝尔实验室的工作人员。塑料“砖头”经过 14 年的等待，于 1987 年传入中国，它当时被称作“大哥大”。

发明“大哥大”的马丁 · 库帕，一定想不到若干年后，由“大哥大”演化而来的手机不仅携带方便，而且超级智能，并给社会各个领域，尤其是大众传播带来革命性的变化。

可以说：大众传播的历史，就是技术革命的历史。

几千年来，大众传播从一墙画满图腾的岩石壁画开始，到竹简、丝帛、书籍、报刊、电台、电视，再到网站和智能手机上的各种信息流平台，比如，微博、微信公众号、今日头条、抖音与快手、微信视频号等。没有一次不关乎迭代。迭代就意味着淘汰，冷酷且不留情面。

毫无疑问，竹简对于壁画而言，是新媒体；网站对于报纸而言，是新媒体。自然，当下的新媒体是 2020 年发轫的视频号。

视频号，归属于短视频传播阵营。武断下结论：“短视频传播将取代图文传播”，是一件无聊且不成熟的事。但短视频传播夺过图文传播的接力棒，成为大众传播新工具，则是能预见的。

在短视频传播的阵营里，目前发展比较好的有抖音、快手和新生儿视频号。视频号一出生便风华正茂：5G 时代的加速来临，让短视频发展的网速制约进一步被破除；抖音和快手的发展，让短视频浏览与创作有了群众基础；海量受众已经在短视频里购买产品与服务，商业化早已开始。此外，视频号是微信的产品，而微信是中国的国民 App，日活 10 亿 + 用户，给视频号提供了强大的流量支持。

所以说，视频号是当下最新的新媒体。

视频号延续微信的基因，依托社交开展传播，而不是平台中心推荐与算法推荐，这是它与抖音、快手最不一样的地方。也就是因为这一点，它最适合普通人玩，而且很容易实现微信的那句口号：再小的个体也有自己的品牌。因为我们每个人都有自己的微信好友，都有自己的朋友圈。微信好友、朋友圈就是发动传播的第一推手。这个推手，人人都有，人人都使得上劲。

所以，我说：高度互联时代，留给大众一个最大的红利——这是一个鼓励分享的时代。人人可分享，且都有价值。只要你乐于分享、真诚分享，茫茫人海，一定有人认同你的分享、喜欢你的分享，也会有人成为你的粉丝。一个刚踏出大学校门的毕业生，看上去没有任何职场经验、社会阅历，但是，如果他分享自己求职的经验、出过的糗、掉过的坑，那么，他的分享对于在校的师弟、师妹就是有价值的，而且意义重大。所以，我也说过这么一句话：不是因为你牛才分享，而是因为你分享才牛。

任何一个新媒体，用广东话说——“饮头啖汤”的人，容易拔得头筹。越早进入视频号开始你的创作与体验，你就能越早找到感觉，找到属于你的传播方法。早一点，则快一点，而传播的不二法门——唯快不破。

早点躬身入局，抓住高度互联时代留给每个普通人的红利，各位！

钟二毛

2020 年 10 月 28 日

目录

第一章

认知第一：视频号到底是个什么“玩意儿”

在短视频行业的“上半场”中，由于粉丝不断涌入短视频平台，流量红利可以持续保证内容运营者获得关注。在这种形势下，即使内容质量不高、同质化情况严重，运营者依然可以借助不断增加的粉丝来实现价值变现。

但到了短视频行业的“下半场”，流量红利逐渐消失，短视频平台的用户数量趋于稳定，运营者必须从有限的用户中争夺粉丝。同质化内容增多极大影响了用户体验，优质内容成了粉丝关注的焦点，这种变化也推动着平台和运营者运营策略的转变。

微信视频号就是在短视频行业的“下半场”入场的。

第一节 视频号：下一个短视频风口

短视频之所以受到人们的喜欢，是因为“平凡的我们”可以在短视频中找到展示自己的舞台，没有任何门槛儿，无须任何包装，只要想说，就可以通过短视频说出来。各种短视频平台上的内容能够满足人们的现实需求，这些内容大多来自当前社会中的潮流文化，也更容易满足那些具有快速表达欲望的用户群体。

一、微信视频号是什么

微信视频号（以下简称“视频号”），是依托于微信 App 的一个全新的以短内容创作、浏览为主的社交平台。它于 2020 年 1 月 21 日开始内测，目前已经全面开放。

用户可在微信“发现”中看到“视频号”的入口，进入后可创建账号或者浏览他人发布的视频、图片等短内容。目前，视频号允许发布的最长视频不超过 30 分钟，图片最多为 9 张。在具体的应用中，发布的内容绝大部分为视频，且是 1 分钟内的短视频。

用户可以关注视频号，并通过点赞、评论、私信等方式与运营者进行互动。运营者可以将自己发布的内容转发分享到朋友圈、微信群、微信好友等，吸引更多的人观看。

视频号的入口位置

二、视频号是个大风口

短视频的风靡最初起源于年轻人这个群体，但随着智能手机普及率不断提高，越来越多的中老年人也成了短视频的拥趸，甚至有子女苦笑父母刷短视频的劲头要比自己还足的情况。

视频号是个大风口，具体有以下几个理由。

1. 中国迎来5G时代

2019年12月13日，中国国际经济交流中心与中国信息通信研究院发布《2020中国5G经济报告》：“中国将是全球最大的5G市场，到2025年中国5G用户将达到8.16亿。”5G技术，让视频浏览变得更快捷、更畅通、更有“爽感”，全民短视频，无论是创作、浏览，还是因此产生的消费，都将迎来真正的井喷期。

2. 视频号是腾讯系的产品，而且很受重视

在2020年1月9日的微信公开课上，张小龙说：“相对公众号而言，我们缺少了一个人人可以创作的载体。因为不能要求每个人都能天天写文章。所以，就像之前在公开课上所说的一样，微信的短内容一直是我们要发力的方向，顺利的话可能近期也会和大家见面。”这个载体就是2020年1月21日晚8点开始内测的视频号。

视频号内测初期，马化腾和张小龙出面拉人、点赞视频。6月22日，张小龙宣布视频号对2亿人开放，且说这只是一个开始。种种细节，可

以看出视频号是腾讯在短视频内容上抢占地盘的一个大动作。

3. 短视频的浏览、创作、消费已经有了“群众基础”

有了抖音、快手的繁荣发展，短视频的群众基础已经建立，尤其是消费的群众基础日益完善。用户看了短视频，顺着平台提供的渠道，购买商品和知识付费等服务，已经是很常见的事了。消费很重要，有消费才能带动创作和整个行业的发展。

4. 短视频蕴含着巨大的商业价值

在一般用户眼中，短视频是一种娱乐工具，但在大多数运营者眼中，短视频则是一种赚钱的手段。与其他形式的产品一样，短视频本身也蕴含着巨大的商业价值。今日头条给出的数据显示，自 2016 年以来，我国各类短视频相关创业项目的融资规模已经达到了 53.7 亿元，仅 2016 年一年，在短视频内容创业方面发生的融资就超过了 30 笔。对于大多数投资者来说，短视频已经成为一个新的风口。

短视频行业拥有广阔的市场空间以及较高的投资回报率，这是大多数投资者和商业巨头入局的一个重要原因。近年来，短视频的“吸粉”能力更是坚定了投资者们的投资信心。

大量资本涌入短视频市场，促进了短视频平台数量的增长，也加剧了平台与平台间的竞争。在激烈竞争的推动下，越来越多的优质短视频内容出现，这让短视频行业的发展变得更加健康。

5. 短视频创业者剧增

在当前这个创新、创业的时代，创业者们都在紧盯市场机遇。短视频行业的兴起，吸引了众多创业者纷纷涌入其中，这些内容创业者凭借自己的想象力和创造力为短视频行业带来了许多优质的创意内容。短视频创业者数量的增加也成为短视频行业迅速发展的重要原因。

三、视频号与其他社交媒体的区别

下面我们来讲讲视频号跟抖音与快手、朋友圈的区别。

1. 视频号与抖音、快手的区别

视频号与抖音、快手都是以发布视频为主，它们最大的不同是内容分发、传播机制存在区别。

视频号

抖音、快手依赖平台系统推荐。一句话，系统推荐就容易火，不推荐很难从众多视频当中跳出来。运营者自己去推广，就像老牛拉破车，很吃力。与此同时，抖音、快手和 MCN（Multi-Channel Network，是一种多频道网络的产品形态，专业网红孵化机构）机构合作更为密切。抖音、快手很大一部分流量都分给了 MCN 机构的账号，对于普通运营者来说，要获得平台派发的流量，是比较难的。

而视频号的内容分发和推荐机制是基于运营者的微信好友关系链，而非运营者的兴趣、爱好或曾经发表过的内容。佐强曾用原创理论“私域流量裂变”，来概括这个分发、推荐机制。

也就是说，视频号运营者的内容种子流量来自自己的微信好友，即运营者的“私域流量”。在推荐机制上，视频号有一个非常利好的逻辑，就是运营者的微信好友 A 完全播放、点赞视频号内容，他的微信好友 A1、A2、A3 进入视频号后，会收到提示：A 点赞了运营者的内容。

如果 A1、A2、A3 中任何一人也点赞了运营者的内容，那么点赞者的微信好友 B1、B2、B3、B4，基于同样的逻辑，可能会点赞运营者的视频号内容。那么 B 级用户点赞后，会触发其好友圈中的 C 级用户来点赞。

如此循环，A 级用户的点赞，可裂变带动 Z 级甚至更下一级用户点赞运营者的视频号内容，而且运营者和B级、C级及后续裂变出的传播链条中的各级微信用户，无须是微信好友。更可怕的是，基于微信用户基数的强大，每个微信用户都有800~5000个不等的微信好友，这种私域流量的裂变传播，就相当于"滚雪球"，只要运营者的内容足够有趣、有料、有价值，就能轻松获得10万+的播放量，甚至是10万+的点赞量。

所以，运营者会发现视频号上很多号主某条视频点赞10万+，但其他内容不过数百甚至几十的点赞，原因就在此——播放量、点赞量与粉丝量级关系不大。

也基于上述这个逻辑，如果运营者的视频号内容被马化腾或张小龙看到，无须通过"六度人脉"，只通过一次私域流量裂变可能就出现在他们的手机微信上。

这就是视频号的魅力。

此外，需要注意的是，视频号与抖音、快手在手机上呈现的形态是不一样的。抖音、快手的视频是全屏展示的，就是一个视频占满了整个屏幕，不会再有别的视频，用专业的词语形容，这是"沉浸感体验"。遇到不喜欢的视频只需要轻轻一划，就会获得一个新的视频；遇到喜欢的视频只需要轻点屏幕两下，就能完成点赞操作。不得不说，这种不间断的体验不仅容易让用户沉浸其中，还容易让用户反复"上瘾"。

视频号的呈现形态则不同。进入视频号的时候，几条视频同时出现，用户感兴趣就点开，不感兴趣就放弃，有时间就看下一条，没时间就中止，这种呈现方式叫"信息瀑布流"，与微博的呈现方式相似。

视频号的呈现方式对创作者来说，是一个考验，因为只要你的视频不能吸引用户0.1秒钟，用户顺手就把你滑走了。

2. 视频号与朋友圈的区别

朋友圈是熟人社交，关注你的多数都是亲人、朋友、同事、客户，或者因为某件事而加你的人，好友人数上限是 5000 人。熟人社交，发布日常生活，吃饭、遛娃、旅游，一切都是美美的。熟人看了知道你活得很好，可能会很羡慕你，给你点赞，说你爱听的话。下次见面还会与你聊你朋友圈晒过的美食、聪明娃、美景，聊天有了话题来源。

视频号则是陌生人社交，看你视频的，绝大部分是你不认识的人，也未必是关注了你的人，而且关注人数没有限制。如果你在视频号上发布的内容与朋友圈一样，还是日常生活，今天晒美食、明天晒娃、后天晒出去玩，在数以 10 亿计的茫茫人海中，这是没有吸引力的。你的日常生活算个什么，你是谁，关他人什么事，为什么要点赞你，为什么要关注你！不屏蔽你就算万幸了！

朋友圈，是关起门来，一帮朋友聊天，聊什么都可以；视频号，是一个大广场，熙熙攘攘、吵吵闹闹，要吸引人，必须要有绝活儿，要有自己专业的东西！

第一节 前景决定未来

短视频近年来的发展势头非常迅猛，成为内容传播领域的新宠。

我国短视频发展可以大致分为三个阶段：2013～2015 年，以秒拍、小咖秀和美拍为起点，短视频平台逐渐进入公众视野，短视频这一传播形态开始被用户接受；2015～2017 年，以抖音、快手为代表的短视频应用获得资本的青睐，各大互联网巨头围绕短视频领域展开争夺，电视、报纸等传统媒体也加入这场大潮；2017 年至今，短视频垂直细分模式全面开启。

一、视频号的属性

由于背靠微信，视频号从诞生之日起，就自带社交属性，不仅支持链接到公众号，还支持分享到朋友圈和微信群。作为短视频，视频号还有天生的娱乐属性。

1. 视频号的社交属性

相比于早期的一些短视频平台，以视频号为代表的、短视频平台中的后起之秀，将发展重点放在了社交属性上。

从当前短视频行业发展现状来看，早期那些缺少社交属性的短视频平台，很多都已经销声匿迹了，依然存在的，也都实现了社交属性的转变。

不同于早期的短视频平台，视频号在上线之初就将社交作为一个重点发展的方向。有人将视频号平台比喻成一个金碧辉煌的宴会厅，在这个宴会厅的正中央是一个巨大的舞台，每一个人都可以上台来展示自己。想要吸引他人目光，除了要展示才艺外，还需要与他人进行社交。很多时候，当个人才艺并不够出众时，依靠社交能力也能成为舞台的主角。

视频号是一款名副其实的社交产品，它与主流社交产品微信的天然联系，使得其社交属性更为突出。

（1）链接

社交的主体是人，其产生的前提是主体聚集在一起。对于大多数社交产品来说，如何聚集社交主体将人们联系起来就成了打造产品的第一个步骤。很显然，“链接”是促成主体聚集的重要方式，做好了链接，用户就会聚集在一起。

当前社交产品中的“链接”主要有两种类型，一种是专注型，一种是带动型。

专注型链接的社交产品以社交沟通为主要功能，其中的代表产品是腾讯的微信和QQ。

微信和QQ最初是以熟人、朋友为主，将用户手机通信录中的群体聚集在一起，形成一种线上的关系网。这种线上的关系网凭借便捷的社交交互让用户产生依赖，伴随着用户社交心理逐渐开放，微信和QQ便开始将范围更广的群体聚集在一起，链接起来。

带动型链接的社交产品主要以能够吸引人的要素来链接社交关

系,视频号和微博都是这方面的代表。

微博主要以热门话题、热点新闻等内容来进行带动,观看内容的用户可以通过点击,持续关注内容创作者发布的内容。同时,在搜索页面中,微博还会为用户推荐更多的可关注对象。

视频号同样是依靠优质内容来进行带动,只不过带动的内容从文字变成了短视频。对短视频感兴趣的用户可以关注视频内容的创作者,由此建立起一种关系链接。此外,视频号还借助微信和 QQ 的做法,在页面顶部设置了同城入口以及“可能认识的人”标识,这是为了在同城用户群体间建立链接。

(2)信息

社交产品在建立链接后,需要依靠持续产出信息内容才能发展下去。创造信息也因此成为社交产品必备的另一个要素。以创造信息为主要内容的社交产品非常多,比如,知乎、豆瓣、B 站、网易云音乐等。

视频号平台中的信息也有很多,虽然没有特定的主题,但从整体上归类,视频号可以算作是一个大型的视频社区,用户可以根据自己的兴趣观看、评论视频内容。每一个视频的评论区,都可以看成是一个小型的论坛,每一条评论都是信息内容。

除此之外,视频号的“消息”栏中,会有两类信息通知,一类是侧重于关系链的消息,一类是侧重于信息和内容的消息。关系链消息主要是私信,如关于个人的信息交互内容。信息和内容消息主要是某个人回复了自己的问题,或评论了自己的问题。

(3)互动

人们在发出信息后,都希望得到回应。在视频号平台上,内容创作者或运营者希望自己的视频内容可以获得其他用户的点赞和评论,而评论者则希望自己的评论能够得到内容创作者或运营者的答复。在正常的互动之中，互动双方都会得到心理上的满足。

社交离不开互动，在大多数社交场合中，得到回应都会让人有一种被尊重的感觉。大多数社交产品都会在设计中加入一些能够促成互动的元素。

比如，完善用户的兴趣爱好和标签。社交产品会根据用户所填写的个人经历、兴趣爱好、读过的书、看过的电影，来为用户“贴上”特定的标签，如健身达人、文艺青年、时尚教主等。很多时候，标签会成为建立链接的前提，具有相同标签的人更容易走到一起，并产生互动。

2. 视频号的娱乐属性

无论是早期还是晚期出现的短视频平台，娱乐属性都是他们的共同特征。如果一款短视频平台缺少娱乐属性，它也就很难在市场上生存发展下去。所以说，娱乐属性是短视频平台的一个基础属性。

使用视频号的人大多会有这样的感觉：原本只想刷几分钟，结果一转眼一个小时已经过去了；原本想着看完这个视频就行了，结果看完一个又一个，不知不觉两个小时已经过去了；原本想着睡觉前刷一刷视频号，结果越看越有趣，一直到半夜 12 点才放下手机。

出现这些情况，虽然与用户个人的自控能力有关，但这也显示了视频号自身的娱乐属性。在视频号娱乐性面前，越来越多用户的行为和认知正在发生着巨大的改变。

作为一款商业软件，必须保证用户对自己的忠诚。对于大多数用户来说，使用视频号的主动权表面上看是在自己手中，事实上却并非如此。

无论是使用视频号的用户，还是依靠视频号来创造价值的运营者，都应该深入了解视频号的娱乐属性。只有这样才能了解视频号的原理，也才能更好地运营视频号。

（1）切换灵活

在视频号平台上，用户不需要进行过多操作，只需要通过简单点击，就能够实现视频切换操作。通过推荐而来的视频，往往能够吸引用户的注意。在用户观看的过程中，也会逐渐忽视这种推荐所造成的观感体验，而更多的去聚焦视频内容。

不需要过多思考，就能从短视频中获得强烈的愉悦感，这种低门槛、高回报的形式吸引了越来越多人的加入。

（2）不可预知的趣味内容

视频号平台上的视频内容大多有背景音乐，通过音乐可以更好地将用户带入情境中。这种时候，"魔性"的背景音乐会迅速控制用户的大脑，带动用户关注视频内容，并跟随音乐的节奏摆动，让用户心甘情愿地放弃思考。大多数用户都会有好奇心，视频内容推荐也为用户带去不少乐趣。这种不可预知的意外之喜是一种间歇性的变量奖励，这种未知性也让用户充满了期待与好奇，以至于让他们想一直看下去。

（3）戛然而止的空白

视频号虽然可以发布不超过30分钟的中长视频，但绝大部分的视频内容都是1分钟之内，如此短暂的时间很难呈现出完整的故事内容，无论是音乐，还是故事，都只是一个简短的片段。这也是为什么用户在看完短视频后，总会有一种戛然而止的感觉。

这种戛然而止不仅表现在对后续剧情内容的期待上，同时也表现在对当前视频内容的分析上。1分钟的时间实在是太快了，用户很难完整地记住并理解视频的内容。这个时候，用户便会不由自主地反复观看，原本1分钟的视频内容，最后花了10分钟才理解清楚。

视频号的娱乐属性让用户在使用视频号时"如痴如醉"，甚至忘记了时间的流逝，这也正是视频号吸引用户的一种重要手段。对于运营者来说，想要弄明白“如何让用户沉浸在自己的视频内容中”“如何让用户持续关注自己”的问题，可以多考虑一些视频号平台的娱乐属性。

二、视频号的商业价值

视频号并不想只成为一个商业性的短视频平台，视频号想要实现的内容有很多。

视频号了解用户的爱好，知道生活的现实，它并没有用互联网去虚拟现实世界，而是汲取现实中的美好片段展现给用户。在碎片化的时间中，视频号为用户提供了无数个 1 分钟的美好生活瞬间，让用户获得了充分的愉悦体验，也为用户打造了一个属于每个人的“乌托邦”。

视频号平台利用互联网技术，将生活中的美好细节和知识聚集在一起，人们在这里可以感受到千里之外现实世界中的美好和掌握更多的知识。

从商业角度来看，现在的视频号有希望成为新一代的流量蓝海。在互联网时代，哪里有流量，哪里就有商业价值。

视频号庞大的流量已经成为当前大数据技术应用的典范，这也使得视频号成了新一代的互联网营销平台。无论是企业，还是个人，都希望利用视频号庞大的流量池来完成商业转化，创造商业价值。

三、注意一个现象

视频号内测期间，邀请的都是什么人？它传递了什么深意？

视频号内测初期的头两三个月，很多人并不看好视频号，原因是：这个平台上全是“油腻大叔”在讲课。这些大叔一个个唾沫横飞，有讲互联网的，有讲商业案例的，有讲 PPT 的，也有像我这样说书的……明星呢？也有，但都是相对成熟的，比如，汪峰、舒淇、胡海泉等。此外就是人民网、央视、新华社这样的权威媒体。总之，就没有是美女和“小鲜肉”等流量明星。同时，抖音、快手上那些动不动几千万粉丝的头部大号也不在列！

知识大 V 和少数实力派明星，是视频号内测期间定向邀请的第一批“玩家”。这传递了什么信号？

第一，“娱乐化”，肯定不是视频号的主旋律。

第二，知识、技能、才艺，是视频号青睐的内容。

第三，视频号不希望平台被流量明星霸占，不希望平台过早形成头部账号，相反希望人人都有平等机会，只要认真、持续地展示自己，人人都可以拥有自己的品牌——恰好，这也是微信的基因：再小的个体都有自己的品牌。

四、在视频号上开账号的品牌

关注视频号，就会注意到：劳斯莱斯、LV（路易威登）等奢侈品，只在视频号上开设官方账号。为什么？

2020 年 3 月，视频号内测初期，劳斯莱斯、LV 等奢侈品品牌，就在视频号上开设了认证的官方账号。而在其他诸多短视频平台上，这些品牌并没有注册过自己的官方账号。

或许你会说，因为视频号团队去邀请它们，它们“抹不开面子”才入驻的。当然不是这个原因。这些大品牌要不要开设官方账号，肯定是经过深思熟虑的。

如何解读？

第一，视频号和微信 App 捆绑在一起。微信，被称为国民 App 并不为过。它的用户数、活跃度，在中国，甚至在全世界都是第一。

劳斯莱斯的视频号

LV（路易威登）的视频号

第二，视频号追求记录真实的生活，而不是记录“美颜过”的生活，那么未来浏览视频号的人一定更“真实”，不同年龄层次的人都会有。在这一点上，视频号不同于以年轻人为主的抖音，也不同于以三四线城市用户为主的快手。普遍对抖音不那么感兴趣的中年人，以及对快手不那么感兴趣的一二线城市的人群，将集中在视频号上。恰好这些人（中年人、一二线城市的人群）是奢侈品的购买主力。

单从这两点考虑，这些大品牌，当然要布局视频号。

五、视频号的克制和“不友好”

视频号从内测到逐步开放，整个过程都是非常克制的，这个克制主要表现在两个方面。

1. 关注烦琐

用户想要关注一个视频号账号并不容易，要“绕路”。用户看到一个自己喜欢的视频，想顺手点个“关注”，发现屏幕下方并没有关注的按钮。怎么关注？仔细研究才知道，必须要点击视频左上角的运营者头像，进入作品清单列表，才能看到加关注的按钮。问题的关键就是，很多用户不知道视频左上角的头像是可以点击的！这也是为什么很多视频的末尾都加一句提示：“点我头像加关注！”

2. 禁发私人微信号

运营者的简介、背景图，是不能放出私人微信号的。于是很多人就通过各种方法“暴露”自己的私人微信。比如，把自己的微信号，用两个“#”字框住，设置成话题的形式。也有的冒着被限流或者被清空作品的危险，在简介里放上自己的私人微信。这些做法，有的被处罚了，也有的没有被处罚。为此我们特别问过视频号官方工作人员，他们的回复是：不允许。但有的账号放了私人微信为何无事？答案是：“爬虫”还没“爬”到它，侥幸而已。

以上种种给人的感觉是“不友好”。但其实，仔细一想，这是另一种“友好”，且符合微信这款产品的一贯风格。那就是，通过这些克制，让运营者没那么迅速积累巨量粉丝，而是安心做内容，只有内容有价值了，粉丝才会更有黏性。

同时，这样的克制、“不友好”还有一个好处：避免了营销大号迅速抢占地盘。营销大号，有资金、有团队、有经验，他们的吸粉、传播手法，高出普通个体运营者无数个量级。如果不克制，整个视频号平台很快就会被各种营销账号占领，哪里还有个体创作的一席之地！正是因为视频号的“不友好”、很难吸粉，投入和收获不成正比，内测期间，营销大号才没有疯狂涌入。

微信、视频号团队用心良苦啊！他们就是为了让普通个体也有崛起的机会，让那些真正认真创作的运营者尽可能地受到尊重与保护。

第二节 视频号的专业玩法

社交产品很难成功，因为复杂、庞大的个人社交关系有迁移和建造成本，在没有出现新的设备终端或技术变革下，只要社交场景在移动手机端，微信就有优势。作为新兴的视频号，因为背靠微信，有微信的社交基础，而且有专业的玩法，在流量上有优势，掌握了玩法也就掌握了视频号的流量。

一、视频号的玩法

生活节奏加快，信息碎片化程度不断加深。为了能够更多地获得信息，人们需要利用每一段可以利用的碎片化时间。巧合的是，短视频正好是填补碎片化时间的利器。正是基于这种“巧合”，短视频开始成为消耗人们碎片化时间的主要选择。

相比于图片、文字、长视频等其他内容载体，短视频更具有冲击力，它可以在短时间内输出优质内容，从而满足人们利用碎片化时间的心理需求。而短视频在社交方面的属性，更是满足了人们扩大交际范围、展现个性魅力的心理需求。从这个心理需求衍生出视频号的两种玩法。

1. 业余玩法

对于大多数普通用户来说，玩视频号更多是被其中有趣的内容所吸引，刷视频号也更多只是在无聊的时候娱乐身心、放松自我。如果是这个目标，那就是把视频号当成一个社交工具，当成一个朋友圈来发布，只要不违反平台规则，爱怎么发布就怎么发布。

2. 专业玩法

更多人看中的是视频号平台上的流量，将视频号当作一种营销工具来看待。视频号达人的爆火更是引燃了运营者的热情，越来越多的人开始利用视频号来创造商业价值。

当今，不少事物都是瞬息万变的，最初的不可能经过发展变化后，也能变成可能。不同的时代会出现不同的事物，这些事物本身蕴含着巨大的机会与挑战。毫无疑问，在短视频时代，视频号就是蕴藏着巨大“宝藏”的平台。

想要视频号有商业价值，那就得把视频号当成打造个人影响力的一个平台。通过视频发布，获取更多的粉丝和流量，从而达到打造个人IP以及实现商业转化获利。

在这本书里，我们只讲第二种玩法。

二、专业玩视频号必须要了解的两件事

1. 你必须了解：粉丝为什么要关注你的账号

要想大众或者你的目标用户，为你发布的视频点赞，并且关注你的账号，一定要明白它的底层逻辑，那就是你的视频或者你的账号能够给他人带来收获。这个收获包括：看了你的视频很开心，或者收获了

知识、干货，或者学到了专业技巧，或者产生了某种情绪上的共鸣（这种共鸣，除了喜怒哀乐之外，还包括缓解焦虑、正能量、激励人心等）。

比如，某个视频号是聚焦品牌传播和媒体公关两个垂直领域，经常解析一些热点事件中，涉事方的危机公关中的优劣，很多做品牌和 PR（公关）的人就会比较关注这个账号，因为他们从中学到了知识点，这些知识对他们的工作是有帮助的。

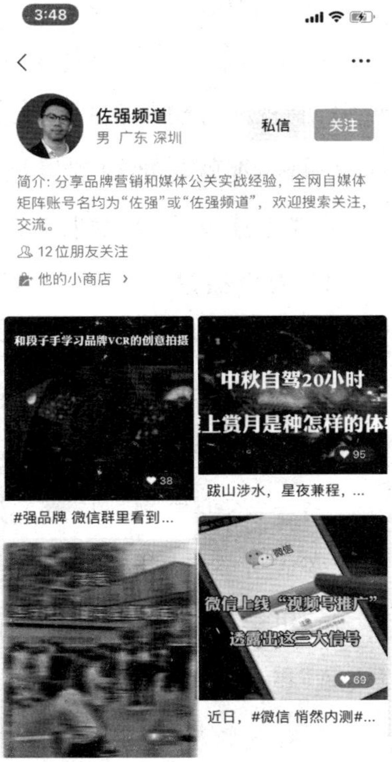

视频号“佐强频道”

这也是所有创作的终极目的：无论是写文章，还是音乐创作，还是电影创作，还是美术、舞蹈，还是短视频，他们的终极目的都是一样的，就是要为用户、为受众带来新鲜的体验和他们认知边界外的知识。

2. 你必须了解：用户关注你之前的三个动作

俗话说，知己知彼，方能百战不殆。用户关注一个账号的心理和逻辑，必须要知道。用户无意中刷到你的视频，觉得有趣、有用、有料，他可能会给你点赞、留言，甚至收藏、转发，但这一切不代表他就要关注你。

一般来说，用户关注运营者之前的三个动作是：

（1）刷到运营者，首先觉得不错，有缘相识；

（2）进后台浏览作品清单，觉得还是不错，确实是有用的内容；

（3）发现运营者更新有一段时间了，作品很多，而且一直在更新，数量不少。

以上三点，促使用户决定关注运营者。这跟男女处对象，女方考察对方，决定要不要嫁给他，差不多。

三、视频号的最大忌讳

通过以上讲解，我们明白了用户关注一个账号的心理和逻辑，那么，接着要了解一下做视频号的忌讳。做视频号切记不要自嗨。是的，做视频号最大忌讳是自嗨，恰好 80% 的人都在犯忌讳。

运营者每发一个视频，应该要问一问自己创作的视频、自己做的账号，能不能给未知的陌生人带来有用的东西，有没有在浪费陌生人的时间。这也是利他性。

做视频号和做人做事是一样的。要想有影响力，必须利他。再次强调一下，切勿自嗨。你自嗨，你沉浸在自己的世界当中，你的那点小世界，跟用户没关系！用户凭什么要关注你？现在的人都很忙，连身边人都没有心情去关注，何况你还是一个八竿子打不着的人！

四、视频号的终极宝典

做视频号的终极宝典：内容为王。

不管是新媒体还是旧媒体，无论古今中外，内容为王都是不变的真理。有了好的内容做底子，再考虑如何玩点技巧、变点花样。

有了内容，才谈得上运营，运营才有真凭实据，否则一切都是本末倒置、舍本求末，都是空中楼阁，难以长久。

第四节 视频号的算法与机会

视频号运营者在开展内容运营时,应该有合理的规划。可以在前期邀请朋友转发,扩大基础流量池;还可以在短视频中加入热门内容,增加视频的热度权重。获得推荐是打造热门视频的第一步,也是运营者必须要把握好的重要步骤。

一、视频号的"算法"

作为腾讯系产品,视频号有自己的推荐机制,这一推荐机制也成为视频号发展过程中必不可少的助推器。

视频号平台的流量分配采取的是一种去中心化的智能推荐方式,它包括机器算法和人工双重审核两方面。

运营者到底该如何正确面对机器人或者 AI(人工智能)"算法"?

视频号不是推荐一个作品进"热门",是有它的内部算法的。但机器人或者 AI 智能到底是怎么运算的?或者说,什么样的视频必须火、一定能火?没有人知道。很多所谓的"聪明人",一心在钻研这些"算法”，其实都是徒劳。不是说不重视“算法”，我们也会讲到一些利用“算法”的技巧。而是说“算法”并不由运营者掌握，运营者也掌握不了。同时，即使系统通知运营者的作品入选热门推荐了，也不等于这个视频能爆火。虽然给了推荐，但视频很快就“下架”了，肯定火不了；如果系统对视频的推荐不持续，依旧火不了。

与其挖空心思去算计“算法”，不如老老实实、认认真真地打磨自己的内容。内容好了，才有可能触碰到“算法”，因为“算法”就是为了发现、推荐优质的内容而存在的。

这个认知非常重要。很多人做事，毁就毁在自己的“聪明”上。

二、普通人一样可以玩好视频号

高度互联时代，留给普通大众的最大的机会是什么？答案是：这是一个鼓励分享的时代。钟二毛在2019年出版的思想随笔集《慢崛起》里写过一句话：“不是因为你牛才分享，而是因为你分享才牛。”分享不是所谓大咖的特权，人人可以分享。

我们要认识到，每个人都有值得分享的内容，这些内容也是有一定的价值的。举个例子：一个刚刚大学毕业的人，按一般人理解，肯定没什么可值得分享的。错了！刚毕业的人可以分享求职的经历、踩过的坑，可以总结求职中的经验教训，这样的分享对于还在学校的大四的学弟学妹们，就是有价值的。怎么可能没有什么好分享的！怎么可能没有价值！

另外，人人都有自己的特长。有些东西，你认为意义不大，或者你觉得你的“段位”还太初级，但其实你分享出来，一定有人受益。很多人都有过这样的经历，把自己的想法说出来或者分享出来，看到听者的反应才恍然大悟：啊，原来我这点东西，对××还管用、有启发，还能帮到××。

只要是利他的，就可以分享。不要低估了自己。

相反，运营者是普通人，玩视频号的心态可能更放松、更真实，反倒更能玩出成绩来。因为视频号鼓励的就是真实和“再小的个体也有自己的品牌”。

再说大一点，高度互联时代的本质就是去中心化，“这是一个大众偶像倒掉的时代”。高度互联时代，普通人相反容易脱颖而出，关键要敢于尝试、实践，并愿意学习、探究。

三、微商必须要重视视频号

谈到微商，人们普遍一脸鄙夷。个中缘由，很难用几句话说清，但肯定不是微商这个行业有问题，而是从业人员推销产品的方法出了问题。几乎每个人都在微信上感受过微商的野蛮刷屏、群发。

这个现象的出现，有微商机构培训不到位的原因，也有从业人员对销售理解有错误的原因。更重要的原因是，微信朋友圈是一个相对密闭的空间，一个人的朋友圈好友是有上限的，“人头”就那么多，要想推销自己的产品，只有一个个去骚扰或者群发信息、刷屏朋友圈了。

微商为什么不停地添加新的好友？目的依然只有一个：走出旧朋友圈，进入新朋友圈——出圈。

视频号的出现，完美地解决了这个问题。视频号没有好友人数的限制，它就是一个大广场，运营者可以在不违反平台规则的前提下，随意为自己的产品宣传。如果运营者宣传得好，还会有看客点赞。有人点赞，就是变相转发、传播、广告，也可能会有用户喜欢这个产品，直接下单购买——这样的效果，在朋友圈里几乎不可能出现。朋友圈里，会有人给你点赞吗？朋友圈里，会有人给你转发吗？朋友圈里会有人不需要你费一句口水而默默下单吗？

视频号是一个大广场、一个大舞台，围观者不再是“低头不见抬头见”的熟人，多数是陌生人。陌生人喜欢看陌生人的热闹。只要运营者的内容精彩，就会有人捧场。

这里谈到了一个关键：运营者的内容要精彩。在视频号这个大广场、大舞台，运营者不能像朋友圈那样暴力刷屏、群发广告，要好好地研究所推销的产品，说出它的好，好在哪里，也可以用分条列项的方法把优点列出来，告诉大家这个产品适合谁，优势在哪里：是颜值高、功能齐全，还是性价比高等。同时，运营者还要想想，怎么把产品的优点用风趣幽默的方式表达出来，而不是直白地说自己的产品如何好。

这一切，都需要微商有一颗不停学习的心。

四、不适合做视频的三类人

视频号不是适用于所有的人，有三类人没必要做视频号：一是不敢露脸的人；二是发了视频不愿意去推广的人；三是总想发几条就爆火，有一夜暴富念头的人。

这三类人对应的解药有以下几点。

第一，视频号是记录真实的生活，运营者不露脸，腾讯推荐系统也不愿意给这样的运营者分配流量。担心自己不上镜？你多虑了，做视频号首先要做好定位，只要运营者不是定位美女、帅哥，对于其他类的视频，多数人都不太在意主播的颜值。比如，生活技巧类视频，对运营者颜值的要求就不高。

第二，发了视频不去推广，连朋友圈都不发，担心熟人看到，不知道是出于自傲还是出于自卑？高度互联时代，个人也好，企业也好，要让大众看到你的优点，忌讳的就是自傲和自卑。不推广，不做冷启动，视频怎么让用户看到？怎么让用户关注？

第三，想一夜爆火，很难。对于一般运营者，一定要踏踏实实地经营自己的视频号，靠视频积累粉丝和流量，才能长久。

以上都是最重要的认知，也是最基础的逻辑。有了这些清晰的认知和逻辑，我们再来谈怎么创建自己的视频号，怎么创作内容，怎么发布视频，怎么推广视频，怎么运营账号，怎么变现。一切事情，也就变得清楚了。

五、视频号于企业是什么机会

视频号不仅适合个人，也适合企业。这个“适合”，包括以下两个层面。

1. 视频号适合企业

在 2020 年这个特殊年份，企业推广、销售发生重大变革：线下全面转移到线上。过去，工厂生产了一样商品，接下来就是摆放在门店上展示、销售。现在变了，一件商品生产好了，不必租门店，可以在流水线车间里直播展示，然后消费者下单购买。这样的“转移”将成为常态，因为消费者已经接受，并且有大量的成交案例。

视频号的出现，则为企业搭建了一个绝好的舞台。因为它依托于用户数最多、最活跃的社交媒体——微信。App2020 年第二季度数据显示，微信及 WeChat 月活跃账户数 12.03 亿。仅仅从用户使用量上说，视频号就会成为企业打造品牌、售卖产品的绝佳阵地。其他平台，没有这个优势。

同时，视频传播优于过去的图文传播。视频更真实、更直观。一个真实展示产品各个细节的视频，一个真实展示产品如何一步一步生产出来的视频，一个真实展示用户体验、使用产品的视频，自然胜过千言万语。宣传产品、销售产品，要的就是真实、直观。短视频是企业推广、发展的利器。视频号出来了，那它就是利器中的利器。

京东商城的视频号：助力“双 11”

2. 企业适合视频号

相对个人，企业有资金、有团队，有天生的定位（围绕企业和企业的产品)优势。企业可以拍出精美的、高质量的视频。同时,企业还自带视频冷启动优势:员工一起点赞、转发。这都是个人运营者无法做到的。

微博时代,造就了“杜蕾斯”的疯狂传播,每一次热点事件,都有它的身影。新短视频时代,一定会让新的品牌、企业脱颖而出,尤其是在视频号出现以后。

第二章

定位：决定未来

日本作家松浦弥太郎曾说过："在自己擅长的领域深入下去不断磨炼、挑战：谁都有一两件擅长的事情。找出它们吧，深入学习和练习，使之更为精湛。为了变得更为擅长而去挑战吧，这样才能培养出'个人专长'。"

做视频号在定位内容时，也需要像松浦弥太郎所说的一样，锁定自己擅长的领域，去深入挖掘其中的优质内容。

第一节 做好你的视频号定位

在视频号平台上，选择很重要。有的人每天都在更新视频内容，所获得的点击量却始终寥寥无几。有的人视频内容更新断断续续，却依然有众多粉丝守候等待。做好视频号运营，勤勉努力固然重要，但更为重要的是定位和选择。

一、定位是什么

定位就是找到创作的垂直领域。

创建账号前，首先要给未来运营的视频号，做一个清晰的定位，也就是找到创作的垂直领域。比如，“佐强频道”，就是聚焦品牌传播和媒体公关两大细分领域，所以这个视频号 70% 以上的内容都是这两个领域的，由此还衍生出三个视频号话题：#强传播#、#强品牌#、#强公关#，用户一看名字就知道视频的内容是什么了。

定位做好了，就确定了运营者未来发布的内容主要集中在哪些领域、哪些话题、哪些人有可能对视频内容感兴趣并成为粉丝、未来变现的渠道有哪些等。

比如，一个视频号的定位是英语学习，那么该视频号以后发布的内容，主要就是教大家英语知识，学生、白领就可能是主要的粉丝群体，以后盈利的方式很可能就是付费课程、知识变现。

二、几种常用的定位

对于具有一定才艺和专长的人来说，很容易完成内容定位。但对于本就没什么专长，兴趣爱好也并不专一的人来说，想要定位内容就没那么容易了。

通过观察视频号平台中的现有内容，大致可以总结出以下几类较为热门的视频内容形式。没有兴趣专长领域的运营者，可以尝试从以下这些方面入手去打造自己的视频内容。

1. 生活技巧类内容

生活技巧类内容对运营者的要求较低，一些常见的生活技巧可以在互联网中查到。运营者可以将这些生活技巧用短视频的形式展示，以此来吸引用户关注。

生活之中处处充满着学问，只不过很少有人会去观察那些细微之处的学问。现在生活节奏越来越快，人们没有时间去发现生活中的小秘密。视频号平台上的生活技巧类视频内容，正是依靠帮助人们发现生活中的小秘密、小技巧而火热起来的。

生活技巧类视频，涵盖了人们生活的方方面面。这些细微之处的知识对用户具有极大的吸引力，毕竟只用 1 分钟就能学到解决生活问题的小技巧，是一件性价比极高的事情。

值得注意的是，生活技巧类视频的受众范围很广，只要视频内容足够优质，很容易获得粉丝关注。

2. 生活日常类内容

一般的生活日常自然不会有太多人关注，但日常生活中的特别事件却很容易引发大众关注。无论是谁家的特别日常，都会吸引来不少观众围观。

视频号“萧大业”记录父母的视频，播放量超过 1 亿

在大多数人眼中，生活多是千篇一律的，除了上班就是休息，毫无特别可言。对抗这种“百无聊赖”唯一的利器就是平淡生活中的惊喜之处。

拍日常生活很简单，吃饭、走路、睡觉都算是日常生活，简单拍摄这些内容并没有什么意义。运营者需要想方设法在这些平淡生活日常中增添乐趣，要让自己的视频内容足够有特色，足够真实，或者去拍摄一些其他人所接触不到的日常生活。

一般来说，传递生活中的正能量和美好的内容，很容易被平台推荐。但由于当前视频号平台上此类内容很多，在开展运营时所面临的竞争也比较大。

在特别日常内容中，宠物类视频内容异军突起，也可能成为平台中重要的内容板块。运营者借助宠物软萌无害、聪明伶俐的特点，吸引大量粉丝的关注。为了看到更多萌宠视频，粉丝自然会选择关注运营者的账号。

一些运营者在拍摄宠物日常的基础上，将互动情景剧融入视频内容中，将宠物拟人化，以此获得了大量粉丝的关注。

3. 网红模仿类内容

前往网红城市、网红地点，模仿网红妆容、网红穿搭，这些视频内容也能够获得不少关注。如果内容精良、运营得当，还有可能让运营者成为新的网红。

这是一种较低成本的视频内容创作方式，模仿热门视频内容可以省去内容创意的成本，减少内容创作的时间。但由于大多数视频在内容上都大同小异，同质化非常严重，想要从众多竞争对手之中脱颖而出，运营者就需要在视频中展现出自己与众不同的地方。

4. 课程教学类内容

课程教学类内容也是视频号平台上的常见内容，语言、理财、运营、创业……只要在某些领域中具备一定的专业知识，运营者就可以通过平台来传播讲授相关内容。优质的课程内容能够帮助运营者积累许多优质粉丝。

课程教学类视频内容在创作时，需要注意内容形式的呈现：一方面要区别于其他运营者的内容形式；另一方面还要让用户直观地看到课程的要点内容。

除了这些领域外，视频号平台上还有很多细分定位。运营者在定位时，需要从自身兴趣专长出发，如果单纯根据内容热度去做抉择，很容易因为失去兴趣而导致内容质量降低，最终造成运营的失败。

三、定位 IP 内容，贴出鲜明标签

大多数运营者迟迟无法突破粉丝数量的瓶颈，不是因为自己不努力，而是在最初就定错了基调，所选择的方向即使走到尽头也是一片漆黑。如果运营者不能够及时转向，就会在错误的道路上越走越远。

做视频号内容运营，就好像搭建一座堡垒，拥有独特的内容很重要。IP 内容是整个堡垒的根基，只有做好了 IP 定位，才能确保堡垒稳固坚实。

所谓 IP 定位，对于运营者来说，就是要明确知道自己要为粉丝呈现出什么样的内容，这个内容的鲜明标签是什么。或者说，是运营者想要依靠哪一点来吸引粉丝。当粉丝提到某种事物的时候，头脑中自然而然地出现运营者的 IP 内容，这样的 IP 定位就算是成功了。

IP 定位主要是展现运营者自身的独特优势，向粉丝展现自己身上所具备的别人没有的特点。通过持续更新内容来强化特征标签，最终在粉丝头脑中形成深刻印象，这样的 IP 定位才有价值。

四、优质 IP 的衡量因素

1. 深入人心的 IP 形象

有时候，平台上的 IP 定位就是一种“人设”。想要让视频号形象

深入人心，第一步就是要设定一个经得起考验的人设。演艺圈明星要有人设，运营视频号同样要有人设。

那么，什么是人设呢？在IP孵化过程中，所谓“人设”就是指人物设定。往细里说，就是这个人物究竟想展现给观众一个什么“面”。

在角色定位之前，我们要设计出IP的外在形象与性格。比如，女汉子性格的IP人设，其外部形象也是英姿飒爽。

无论在视频内容之外运营者是什么样的，但在镜头前面，就要时刻努力展现自己的“人设”。这种“人设”会通过日积月累逐渐加强，运营者需要明确自己在视频号上的角色，以角色应有的身份与粉丝进行交流。

视频号IP的“人设”，就是其与普通大众沟通的渠道，是可以拿出来宣传、营销的整体形象。对于成功的“人设”，公众一听到名字，脑海中就会浮现出一个画面，并对这个“人设”外形、性格和才艺有所联想和期待。

好的“人设”，公众一下就能将其从一众网红里“摘”出，即有差异性，辨识度很高。这种“差异”，不仅能彰显出各个IP的性格与风格，还能将“流量变现”转换成商业价值。在当前信息爆炸的时代，注意力和眼球成为IP们竞抢的资源。塑造人设的目的，也是为了迎合大众的需求，这样才能让自己的流量快速变现。

那么，塑造一个深入人心的IP形象，普通运营者有什么套路可循呢？

第一套路，“我是谁”。这个套路就是让人们确定自己的形象与目的，完成“人设”的硬性塑造。

第二套路，“我要做什么”，“我”需要选择什么类目，才能在众多IP中脱颖而出。

第三套路,“凭什么人家要关注我”。这个套路是让 IP 明白自己的受众是谁。

2. 清晰的 IP “人设”

把 IP 要走的类目选择好,就是确定出一个细分领域,这个领域必须是垂直的,这样才能精准定位受众。当 IP 确定了要走的类目后,受众才会在选择这个垂直领域时,第一时间想到这个 IP。

当 IP 有清晰的定位之后,才能进一步考虑这个 IP 是否值得培养。如何清晰“人设”? 运营者应该有五个方面的考量,这五方面的考量,也是分析 IP 是否具备潜力的五项标准。

(1)优势。这是对 IP 输出能力等进行全方位的分析,以便判断 IP 未来的潜力与优势。

(2)劣势。对 IP 本身性格、创新能力和输出能力等,予以全方位的劣势分析,找出 IP 自身的短板。

(3)辨识度。对 IP 的“人设”、类目等需要有全面分析,视频号运营最需要的不是漂亮或帅气,而是辨识度。

(4)商业潜力。商业潜力就是考验 IP 是否具备商业变现能力,有没有变现方向和可供变现的渠道等。

3. 明晰的 IP 受众

“我”的角色凭什么被人喜欢? 这是很多运营者都要考虑的问题。要想明确 IP 的性格是否吸引人,是否鲜明独特,就要搞清楚 IP 的受众究竟是谁,并以此解决赛道的选择。

运营者在设定好“人设”后,就要思考如下问题。

想吸引喜爱搞笑内容的受众? 还是想要吸引喜爱动物的受众? 是想要吸引喜爱美食的受众? 还是想要吸引喜爱运动的受众……

很多运营者就是因为受众不明确,一会儿唱歌跳舞,一会儿直播做饭,一会儿高冷,一会儿搞笑,才留不住所谓的“老粉”的。

独特性就是超级 IP 真正的“垄断”，只有找到自己独特的人设，才能最大限度地吸引受众，并且展现自己的潜能和价值。好的 IP“人设”，无论从个人形象还是穿着打扮，都向世界宣告了他的独一无二。通过 IP“人设”的独特性，能迅速占据受众人群的内心，能让他们的脑海中形成深刻的“人设”印象，这也是一部分人能红的原因。

第二节 深耕定位，展现独特风格

深耕垂直领域还可以帮助运营者形成独特的内容标签，加深粉丝对运营者的印象。在内容运营之初，因为粉丝基数较少，传播范围有限，视频内容获得的流量也不多。但如果运营者能坚持下来，始终在垂直领域做内容，不断优化内容质量，就有机会获得推荐，创造热门视频内容。这时候，深耕垂直领域内容的优势就会显现出来，粉丝会去翻找运营者以前的视频内容，进一步增加视频内容的曝光量。

一、确定定位的公式

账号的定位，如何确定呢？有一个公式：兴趣＋热爱＋回报。

兴趣，就是发自内心地对这件事感兴趣。如果运营者擅长跳舞，那就可以选择做与舞蹈相关的视频内容；如果喜欢宠物，就可以做萌宠类视频；如果拥有天籁嗓音，则可以录制唱歌视频进行分享。在视频号平台上，无论是哪种兴趣爱好，都有自己的舞台与空间。

热爱，就是做这件事是能得到快乐和成就感的，哪怕刚开始的时候很辛苦，也会乐在其中，也愿意付出时间和精力去学习钻研。

回报，就是做这件事、这个账号，希望得到的东西。这个回报，既有物质上的，也有精神上的。

在这里也要考量两种情况。

第一种情况是，同类型内容太多，并且头部运营者已经累积了大量的粉丝。在这种情况下，运营者需要慎重考虑自己的内容，一方面考虑自己的内容与其他运营者，尤其是头部运营者是否存在重合之处；另一方面考虑自己的内容与其他运营者的内容相比是否存在独到之处。

第二种情况是，如果与头部运营者的内容重合度较高，运营者就需要重新考虑自己的内容定位了。头部运营者拥有巨量粉丝关注，其内容风格大多独树一帜，再与其内容重合的话，运营者很难从这些“庞然大物口中夺食”。

其实，这个公式，也可以运用到我们每个人如何找到自己的终身事业上。用这个公式去套用，最后找到终身事业，也是比较准确的。

二、定位的大小之分

视频号的定位，有没有大小之分呢？看上去是有的。比如，美食、旅行、星座、心灵鸡汤的账号，它的受众比较广。电子产品测试、汽车测试、极限运动、读书等，这些账号的受众会相对小一些。那是不是应该选择受众广的定位？不一定！受众广的领域，往往它的门槛或者要求会低一些，同时竞争的账号也多一些。反之，相对小众的内容和领域，它的条件要求高一些，竞争的对手也相对少一些，这样它的粉丝的含金量会高一些，未来变现的客单价也相对高一些。

明白定位的大小优劣以后，运营者就可以按照前面讲的“兴趣 +

热爱+回报”这个公式，去寻找自己内心真正热爱的东西，而不要考虑太多“我的垂直领域，是否是热门领域”。中国人口基数那么大，在小的领域，只要做好了、做精了，就不缺流量，不缺变现的机会。甚至，我认为小而美的生存空间会更有优势。

三、定位没定好，怎么补救

账号定位，最完美的状态是，在运营者创建视频号账号之前，就已经有了很清晰的定位。

但对于不少人来说，账号定位一开始做不了那么完美。账号运营一段时间后，才发现存在一些问题：可能是一开始觉得自己做这方面的内容比较合适，但是在运营过程中又发现自己做的这方面内容，可持续性不强；或者自己所从事的垂直领域有很多人都在做，再做出独特性很难；又或者经过运营发现，自己选择的领域，回报太少，回报太慢。碰到这些问题，运营者就会想改变自己的账号定位，想做自己擅长的另外一方面的内容。

这种情况，是会经常发生的，也是允许存在的。如果运营者发现自己的账号定位存在问题，不必懊悔，考虑好了再做重新的定位和尝试。关键是要抓紧时间调转头，马上开干。这跟选择人生方向是一个道理，一个人一生的方向有些时候不是那么容易一眼就看得出来的，很难一步踏出去就踏得准，是允许修正定位和方向的。关键是要积极地做。

另外，如果说运营者在两个或者两个以上的领域，都有专长和独门武器，也可以开辟多个账号来发布，这形成了账号矩阵。

四、定位确定后，能发“其他内容”吗

定位确定后，能发“其他内容”吗？相信这是很多运营者的疑问。

答案是:垂直定好位后,可以发 20% 的“其他内容”。

定好位以后,并不是严格要求 100 个视频全部都是同一个领域的内容。运营者不妨发布一些跟定位无关,但与自己的生活有关的内容。但是一定要注意,这样的内容,不要超过 20% 。

这 20% ,有些时候能够让运营者的账号变得更加真实、更加可爱、更加可信。这 20% 可以发布一些自己的兴趣爱好、自己和家人朋友的一些日常、自己的一些人生感悟(当然是正向的)、对公众事件的发声等。

第二节 账号垂直的作用

账号垂直，才好变现。

运营账号要变现，是一定要有一个清晰定位的，即内容在某一个领域垂直了。

一、账号垂直，变现路径清晰

1. 粉丝的价值

粉丝经济被认为是一种在粉丝和被关注者关系之上的经营性创收行为，主要通过提升用户黏性，并且以口碑营销的方式来获取经济效益。

最初，粉丝经济大多发生在明星偶像和粉丝之间。在音乐产业中，粉丝会购买歌星的专辑，并且愿意为明星签名专辑付出更多的金钱。在影视产业中，粉丝会购买明星的海报、电影票，以及明星所代言的产品。

现在，粉丝经济在具体表现形式上已经与之前大为不同，虽然购买专辑、电影票和代言产品依然是重要的表现形式，但在互联网时代，粉丝流量变现已经成为粉丝经济最为主要的一种表现形式。

粉丝流量变现的形式多种多样，粉丝流量之所以能发挥作用，就是因为它具有固有的价值，而影响粉丝流量变现的一个硬性指标则是粉丝的规模。

即使是此前毫无名气的普通人，也可以通过积累粉丝而与明星一样聚集超高人气，这似乎就是粉丝的价值所在。

2. 利用垂直账号，了解粉丝问题

谈到粉丝的价值，名气算是一个方面，但更为重要的，也是大多数粉丝营销运营者所追逐的价值——流量和变现。

运营者可以从粉丝对内容的评论中了解到粉丝真正关注的问题是什么，再根据粉丝的具体问题，对自己的内容进行适当调整。

因为粉丝精准，广告主才会找你，给的价格才高；同时，你带货，也容易知道自己应该带什么样的货；你做知识变现，也容易知道粉丝的痛点，才好因人制宜，制作相关课程。如果粉丝各种年龄层次、各种学历层次都有，说明这个账号含金量不高。

二、KOL 的账号也要垂直

除了明星外，许多 KOL（Key Opinion Leader，关键意见领袖，简称 KOL）也会入驻视频号，虽然比不上明星所带来的“吸粉”效应，但由于 KOL 的数量众多，从总体上看，他们为平台带来的流量也是不可小觑的。

在平台上，达人们不仅成功获得了万千粉丝的关注，还很好地利用粉丝实现了价值变现。在少数达人爆火并实现商业价值变现后，越来越多的草根达人加入平台。达人们在努力“吸粉”的同时，也为平台

继续扩大着市场份额。

哪怕运营者的目标是要做一个大V,要做一个意见领袖,内容还是要有所侧重的。

当年微博女王姚晨的粉丝,全网第一。观察她的账号,虽然有各种内容,但也是有所侧重的:一是公益慈善;二是对公共事件的关注。这也是符合人的特点的。一个人不可能什么都关注,时间精力、知识结构有限,一个人再有才华,也不能囊括所有的领域。所以,即使是大咖,所做的视频也是有所侧重的。

第三章

创建账号：
用心设计、谨防封号

有的运营者认为,创建账号是一件简单的事情,按照操作来做就可以了。实际上,运营者要重视视频号运营的任何一个环节,包括账号创建。账号创建是视频号运营的第一步,也是至关重要的一步,所有的运营工作都将由此出发。

在账号注册环节,运营者需要面对各种各样的问题:什么样的头像更能吸引人?什么样的简介更能触动人心?什么样的昵称更易获得关注……

第一节 手把手教你开通账号

视频号,2020年1月21日开始内测。内测期间,需要通过烦琐的申请,才能开通。视频号账号一度一号难求,甚至出现了违规买卖账号的情况。经过漫长的内测后,目前视频号已经全面开通。

一、开通视频号

俗话说:“万事开头难。”创建账号虽然看起来简单,但作为整个运营工作的开端,其背后也蕴藏着很大的学问。

要想做好视频号运营,从账号注册阶段开始便要“俯瞰”整个运营过程。运营者需要对整体运营工作有一个从上到下的分析,从整体到局部建立起全局认知。简单来说,运营者必须先要明确想要把自己的视频号做成什么样的,达到怎样的目的,怎样才算成功,然后才能更好地开展运营。

视频号的入口在“朋友圈”的下方。具体操作的步骤是:打开微信,点“发现”,就会看到“视频号”三个字。如果没有看到“视频号”三个字，那么极大可能是微信版本没有升级到最高版本。运营者只需要更新微信版本就可以了。

创建视频号

看到“视频号”三个字后，点进去，就能看到视频号的主页面。主页面顶端，有“关注”、“朋友”、“推荐”、定位图标和一个人形的图标。这些图标下面就是各种各样的视频。这些视频有的是热门推送的视频，有的是你的朋友圈好友点赞过的视频，也有你关注的某个账号的视频。

点击视频号页面顶端最右边的人形标志，会看到页面里有一个小照相机的标志。小照相机旁边写着“发表新动态”五个字。点击这个小照相机，进入新的页面，就是正式创建账号了。

创建账号前记住一点，用于创建账号的私人微信，是必须要实名认证的，否则就无法创建。

开通视频号，是不产生任何费用的。

二、创建第一步：让人过目不忘的账号名称

账号名称，是为了让用户一眼就知道运营者这个账号是做什么的，是以发布什么内容为主的。所以，账号名称要清晰简洁、有特点，能让用户很容易记住，也能让用户快速搜索到。

第一，最基本的要求，账号名称不要有生僻字，不要过于拗口，不要太长，也不要中英文夹杂在一起。虽然，官方允许账号名称在 3 至 20

个字符(一个汉字算两个字符)之间,可由中文、数字、英文、空格组成,但是中英文混杂不利于用户搜索。另外,要注意,特殊符号,是不允许用作账号名称的。

第二,如果运营者是某一个领域的大咖或者有一定影响力的人,那就用被大家所熟识的那个名字,这个名字也是个人品牌和商标。比如,作家、导演、媒体人钟二毛在微信公众号、微博、今日头条、抖音等各个社交媒体上的名字,就是自己的笔名"钟二毛"。那么,注册视频号一定是常用的有辨识度的名字,这样固有的粉丝一搜就能搜到,还能形成流量矩阵。如果是铁粉的话,也不需要过多的了解,就可以直接关注。

第三,运营者也可以在自己的名字上加上所在的垂直领域的名称。比如,张三教你做湘菜、李四谈易经。这里的张三、李四,强烈建议用真实姓名或者大家熟悉的笔名、艺名、昵称等。这样做有两个好处:一是运营者转发自己视频的时候,朋友看到账号名称,很快知道这是该运营者的视频,促使他去观看、分享;二是假如有一天这个账号做大了,运营者成了大咖,要出去讲课,如果用一些奇奇怪怪的名字,传播起来不是特别好,叫起来也不太方便。

第四,账号名称是排他的,即运营者注册了"张三",他人就不能再用"张三",若一定要用,只能在"张三"后或前添加新的字、数字、英文等。同时,如果发现有人仿冒自己的身份(如仿冒简介、头像),注册了名称,可以对该账号发起投诉。投诉时需要提交相关证明资料(如果是企业运营的账号,需提供商标注册证明、公司营业执照等资料;如果是个人运营的账号,需提供运营者在抖音、快手、微信公众号、微博、知乎、今日头条、百度百家号的账号截图、实名信息、认证内容等)。投诉通过后,冒用的账号会被删除。特别提醒,当冒用的账号被删除后,该账号拥有者要尽快注册使用,不然还有被别人抢注的风险。另外,对于违反《微信视频号运营规范》恶意抢注名人账号或者使用敏感字词的账号，系统也会限制。

三、创建第二步：给人留下深刻印象头像

视频号头像尽量是真实的头像。当然，也可以用一些卡通形象，但一定要符合运营者的账号气质。

在头像选择上，尽量挑选像素清晰、画面整洁的照片，那些模糊或效果不佳的照片很容易被审核为不良照片，而一些风格太过特立独行的头像，则可能使部分用户有不良体验，为以后的推广埋下不稳定因素。

具体来说，头像背景要干净整洁。最好的办法就是去拍一张形象照：清晰、整洁、干净、阳光、有气质。

照片里面可以适当地加入一些道具。比如，运营者是教人唱歌的，画面可以是手持麦克风正在歌唱；运营者是教人学魔术的，手里可以有一副扑克牌等。

如果运营者有其他自媒体账号，建议视频号的头像和其他自媒体账号的头像保持一致。这个头像其实就相当于打造企业品牌时的LOGO，LOGO 不能随意变换，要保持一致，这也是打造个人 IP 的一个细节，能使个人品牌形象更专业、更有辨识度。

四、创建第三步：写出有吸引力的简介

简介的功能是运营者向用户介绍自己。这个简介，主要告诉用户两方面的内容。

第一，你是谁，你的过人之处是什么。你的过人之处，要罗列出来。罗列过人之处时最好要有数字，因为数字才能说服人。同时，要具体。

具体才会增加可信度。如果你是做个人品牌的，你服务过哪些品牌、哪些企业，要清晰、具体地写出来，甚至要把可量化的数据写出来，如可以列举自己服务过稳健医疗、华为、美的、格力、全棉时代等企业，而不能只说“服务过很多企业”。

第二，你的账号是做什么的。运营者要介绍账号主要会发布些什么内容，日更还是一周三更，一般是几点钟发布，这些都可以公告出来。

第二节 认真设计，谨防封号

运营者要认真设计视频号的账号，使账号既符合视频内容风格，也能亮点突出。特别提示：视频号账号要规范，要避免出现敏感词汇，更要避免违反平台规则。

一、一个重要提醒

运营者一定要注意，简介上不要有私人联系方式，以免被限流或者封号。这个提醒在第一章已经提示了，再次提出是希望运营者重视。

目前，视频号是不允许在简介里面写运营者的微信、手机号码等私人联系方式的。有时候运营者会发现，有的账号放了微信号，也安然无事。这个问题，我们特意问过官方工作人员，答复是：那是因为系统的"爬虫"还没有检测到它。做事一定要遵守平台的规则，不必因小失大。

二、账号认证

视频号要进行账号认证，认证的入口在：视频号主页——右上角

“…”——认证。

认证分个人认证和企业认证。要注意，视频号是与个人微信号绑定的，如果视频号认证成企业类型，则该视频号视为认证主体使用，也就是归企业所有，所以认证前要三思。

认证入口

认证页面

1. 企业认证

企业认证需要提供企业的相关证明。企业微信开通视频号认证相对简单，只要有已经认证过的微信公众号即可，需要该公众号管理员扫码授权（注意公众号运营者不可授权，只有注册时的管理员才可以）。认证通过后，账号名字后出现蓝色的小V。

2. 个人认证

个人认证分“职业”认证和“兴趣领域”认证。职业，即运动员、演员、作家等；兴趣领域，分美食博主、教育博主、互联网自媒体等。认证通过后，账号名字后出现黄色的小V，并备注具体职业或具体兴趣领域。认证需要一定的条件，如运营者的微信公众号粉丝数、运营者在其他平台的粉丝数的相关证明等，而且门槛经常变化。

如果有条件认证，当然要去认证。认证能增加粉丝对运营者的信任度。除此之外，没有多余的福利。当然，平台也不会因为运营者认证了就给额外地推荐。

所以，如果没达到认证条件，也无所谓，没有必要挖空心思去认证。

三、账号改名

视频号的账号名称，是允许修改的。不过有个限定：一年之内只能修改两次。

如果运营者的账号已经认证成功了，要改名的话，需要先删除认证，然后才能更改新的名称。更改新的名称之后，如果还要认证的话，那就需要再次提交认证资料。

四、优秀账号的八个细节

账号创建以后、正式发布视频前，运营者一定要花一点时间去学习优秀的同类账号的做法，做点研究非常有必要。

学习优秀的同类账号，要注意观察以下八方面内容。

(1)优秀的同类账号每天发布什么内容。

(2)优秀的同类账号的哪些话题整体数据比较好。

(3)优秀的同类账号的文案是怎么写的。

(4)优秀的同类账号是怎么做标题的。

(5)封面怎么设计，有哪些小心机。

(6)开头、结尾都有哪些固定的句子。

(7)优秀的同类账号中视频画面是怎么拍的。是坐在那里干说,还是剧情的。如果是剧情的,要了解剧情是由哪些固定的镜头组成,有哪些套路。

(8)研究一下某个账号那么多视频当中,为什么其中某一条点赞率特别高、评论数也特别高。

运营者一定要亲手做这项工作。研究常规套路和爆款,都很重要。做视频号,要创新,但不是盲目地创新,先站在成功人士的肩膀上去做事。当自己做到很好了,对视频号、对视频号的传播,有了自己的理解之后,再根据自身的情况,去做一些小的变化、小的创新,这样的创新,可能会更有效。

当然,这个学习的过程,也不要太漫长了。有了一些基本的认知之后,就可以自己动手开始做了。学无止境,没必要非得等到把技术掌握到炉火纯青的时候,再去动手做事。有了一定的学习观察后,一边实践,一边总结,再复盘思考,反而进步更快。

第四章

视频号创作的核心：内容为王

在视频号的平台上，从内容创作到商业价值变现一般会经历很长一段历程，运营者能否实现商业变现也存在着较大的变数。视频内容是商业变现的保障，能够创造热门视频的运营者，会更容易实现商业价值变现。从这一方面来说，视频号的核心是内容。

第一节 选对主题

运营者所发布的每一条视频，都要有一个鲜明的主题。在主题确定之后，运营者才能够对具体内容进行筹划。

一、视频号的主题

如果运营者想要创作一个搞笑类的舞蹈视频，那主题内容就要确定为“搞笑”，相对来说，舞蹈就成了具体的表现形式，也就是次要的内容。这就是说，在具体内容中，运营者需要更多考虑如何让整个内容搞笑，而不是去考虑如何让舞蹈动作更加流畅标准。

舞蹈动作需要配合“搞笑”这一主题，并为这一主题服务，一旦脱离这一特定主题，整个视频内容就会陷入混乱之中，运营者想要呈现出来的主题效果就很难实现。

在确定内容主题时，运营者需要在自己的内容领域中进行思考。同时，还要关注一些社会热点和时事，具有热度和新鲜度的主题显然要比普通主题更受粉丝欢迎。对于那些热点类视频内容运营者来说，主题确定更需要注重这些要素。

运营者还可以从自己身边的人或物上面去挖掘主题。有的人随手拍摄一个路牌的视频就能上热门，这是因为他所拍摄的内容是独特的，是别人所没有注意到的。这些内容既新鲜又有趣，所以才会有这么多人被吸引。

在确定视频内容主题时，运营者还需要考虑连续性的问题。如果同样的主题无法更好地延续，或者是同一个运营者的不同视频内容出现了主题冲突，就会造成极为尴尬的局面。说得严重一点，还会对视频号运营造成毁灭性的打击。

二、分享，至少有这四个“有”中的一个

定位定好了，账号也创建了，现在运营者肯定有很多话题要分享。不过不要太着急，不是任何一个话题都可以分享的。运营者分享之前要考虑一下自己视频的内容，有没有这四个“有”中的一个。

第一，有用。运营者分享的内容，对用户有用，所以用户才会关注，才会转发，分享出去。比如，有的视频号是教女生如何扎头发，粉丝特别多。为什么？因为视频内容对女生有用。很多实用技能、知识分享的账号都是这一类型。

第二，有料。运营者有可以露一手的技艺，不管是唱歌、跳舞、画画、魔术，还是木雕、手工。用户被运营者的表演、作品“镇”住了，这是有料；运营者对某一问题能提出一个独特的观点，这是有料；运营者有渊博的学问、知识，用户觉得视频讲解的很到位，内容很牛，一般人想不到的都被运营者想到了，这也是有料。有料，用户就会关注。

第三，有趣。这很容易理解。看视频的人多数是这样的情况：上一天班，很累，运营者制作的视频好玩，看完能哈哈一笑，能放松心情、减轻压力，用户就会关注。每个人都渴望轻松、快乐。像笑话、段子、冷笑话这样的账号，也很多。新生代的有趣的视频号，不仅脑洞大开，表演欲也很强。这些新人，凭借强劲的势头，逐渐改变了短视频原有的市场

格局。一个有趣的视频,不仅能为观众传递价值观和感染力,也能为运营者创造可观的经济收入。

第四,有爱。有一句很流行的话,“爱与生命不可辜负,所有的温暖都值得铭记”。也许每个人的内心都有一个黑洞,当看到能够戳中自己内心的视频时,能够感到一种共鸣感和治愈力,看完视频的一瞬间感动充斥内心,自然会关注这个让他觉得很“温暖”的视频号。

四个“有”:有用、有料、有趣、有爱的视频,观看者是愿意分享的,也愿意关注这类视频和账号。大家注意观察,爆款视频大部分都具备这四个“有”中的一个或多个。

三、你的视频,能否让人发出这四个声音中的一个

为了方便大家理解,在此提出一个独创性说法:视频号要火,你的视频,至少要让人发出以下四个声音中的一个。

第一个声音是“啊”。比如,鸡汤类账号:“2020 想渡过难关,必须抓住这个机会”,击中人的痛点,让人感兴趣,不得不点击观看,甚至转发。

第二个声音是“哇”。比如,健身博主的视频,动不动给露个马甲线,还有什么蜜桃臀之类的,让人惊叹、羡慕,观看者会想自己是不是也可以实现,击中人的痒点。

第三个声音是“哦”。比如,知识类视频,让人学到技能,击中人的需求点。

第四个声音是“哈哈”。比如,搞笑类视频,击中人的笑点。

视频号必须击中人的痛点、痒点、需求点、笑点之中的一个或几个,让人啊、哇、哦、哈哈!

无论哪种说法,万变不离其宗,都是要求运营者创作时心里想着用户,要让用户看了这个视频,觉得没有浪费时间,而且还想进一步了解。这就是用户思维。

第二节 开头和结尾很重要

短视频要求在关键处多制造亮点，以吸引用户，精心设计开头和结尾就非常重要，一个亮丽的开头、一个响亮有力的结尾，就会使视频光彩夺目，让人见之倾心，顿生好感。

一、开头和结尾的要求

1. 开头

清代李渔说："开卷之初，当以奇句夺目，使之一见而惊，不敢弃去。"一般说来，短视频开头要简洁、明快、新颖、别致。

好的开头有三个标准。

(1)要明。要一下子让用户知道运营者要说什么，要让用户知道运营者在谈哪方面的问题。

(2)要美。视频开头的美，不是漂亮的意思，主要指技巧美。只有美，才能达到吸引用户的目的。

(3)要简。简洁是明朗的保证。

2. 结尾

亮丽的开头固然能使人眼前一亮，引发一睹为快的念想；精彩的结尾亦能让人难以掩卷，拍案叫绝。好的结尾或起总结作用，突出中心；或戛然而止，干净利索；或意在言外，发人深思。

好的结尾有三个基本要求。

(1)点明中心。

(2)首尾呼应。

(3)富有意蕴，即有丰富的内涵，言有尽而意无穷。

二、抓人的三大类型的视频开头

短视频一定要在前10秒钟把人抓住，千万不要考验用户的耐心。这是一个短视频的核心逻辑。基于这个逻辑，无论运营者的视频作品属于哪种类型，开头，都要想方设法抓住人。

短视频主要的类型有三种：观点表达类、才艺表演类和剧情类。

1. 观点表达类

观点表达类的短视频，开头抓住人的办法有以下三种。

第一种：提问。

第二种：自问自答。

第三种：直接给答案。

无论哪一种方法，运营者的提问、答案，都必须是新颖的、有独到表达，而不能太普通。例如，提问方面，“运营者为什么要重视视频号”这个问题，显然不如“为什么说错过了2015年的快手、2018年的抖音，就别再错过2020年的视频号了”。再如，自问自答方面，“如何高效工作？工作时关掉手机！”显然不如“如何高效工作？专家们不会告诉你的秘密”。直接给答案方面，则更考验运营者的答案是否有料，是否足够吸引人。

2. 才艺表演类

才艺表演类的开头，要么展现一个完美的结果，要么展示“平庸”。

展现一个完美的结果，就是要让人惊艳，想看下去。比如，美食类视频，一开头就呈现一道让人馋得口水直流的美食，然后再慢慢告诉大家这道菜是怎么做出来的。再如，插花艺术，三五秒钟呈现出美得令人惊叹的成品花艺画面，然后再一步一步告诉大家插花的各种知识、技巧。

展示“平庸”，就是开头让观看者不以为然，但随着“化腐朽为神奇”的过程逐步展开，让观看者惊艳、惊叹，最后情不自禁地点赞视频。最常见的例子是木雕工艺类、画画类视频：一块普通木头怎样一点点变成一件艺术品？一支画笔看似随意涂抹几下，怎么就变成了漂亮的画作？吸引人继续看下去。

3. 剧情类

剧情类视频的开头，重点、看点、笑点都在“抖包袱”。那么，“包袱”抖开之前，也就是视频的开头，必须要设置充分的悬念、陷阱、反差、误导等。

此外，还有一种开头，就是永远是固定的一段话或者一个表演。账号“钟二毛”专门分享好书，曾经用过的固定开头是：“咚咚咚（敲屏幕声音），读书啦、读书啦，钟二毛喊你读书啦！”这种固定的开头会形成“视觉锤”，让用户看到、听到这个开头，就想起这个视频号。当然，这种开头也有缺点——它会占用视频开头说正题的时间。

三、让人不由自主加关注的视频结尾

无论是何种类型的视频，想让用户有添加关注的欲望，结尾可以使用以下几个方法。

1. 设置悬念

告诉用户，“预知后事如何，请听下回分解”。这里的前提条件是，运营者的视频有料、精彩，且内容确实无法在一条视频里讲完，所以不得不“预知后事如何，请听下回分解”。运营者不能强行截断视频或者强行设疑。

2. 明确内容的多少

视频的结尾可以告诉用户，这是一个系列话题，是一个专题讲解，后面还有多少期。也可以告诉用户前面已经讲过了多少期，欲了解详情，“请翻看记录”。

3. 讲明视频号的定位、属性

运营者要告诉看到视频的用户，该视频号的定位、属性，让用户一听或一看就明白这个账号是干什么的。比如，“佐强频道”，最后5 秒都是黑屏 + 动漫白字，旁白是：关注佐强频道，每天涨点品牌和公关知识。这在品牌广告片中，叫做 5 秒标版，其实也就是大家常说的“视觉锤”，有利于塑造运营者视频号的品牌形象。

这里有个重要提醒！这样的结尾要小心：“关注我，下一期节目有抽奖、送礼品。”在视频号官方公布的《微信视频号运营规范》里，这属于“诱导”行为，是不允许出现的。

本书第一章讲过，用户决定关注一个账号，往往经过一定的考虑。凭一个视频就被关注的情况，不多。以上视频结尾的方法，目的是让用户多花点时间在运营者的账号上。比如，进入运营者账号的后台，看作品清单，看看运营者之前发过什么视频、数量多不多、质量稳不稳定，从而引导关注。

第二节 内容制作，小白变大神

内容定位要尽量独树一帜，只有突出个性，展现出独有特征，才能在众多竞争者中脱颖而出。这一点不仅在视频号平台上十分重要，而且在所有新媒体平台上都是适用的。

一、学会做原创

当前，新媒体行业呈现出蓬勃发展的景象，无论是以视频号、抖音、快手为代表的短视频新媒体平台，还是以微信公众号为代表的图文新媒体平台，都吸引了众多运营者加入其中。

运营新媒体平台并不难，只要完成账号注册，学会上传内容就可以了。但如何真正将内容推向大众，如何吸引更多的人关注内容，如何让粉丝自觉地将内容分享给其他人，是运营者需要面对并解决的难题。

在视频号平台上，同一领域中的同类型账号非常多，在搜索框中输入一个关键词，就能够出现许多同类型账号内容。从账号内容类型上，运营者无法做到独一无二，因为平台上可供选择的内容只有那么多。对此,运营者想要突出特点,就需要在内容本身上做文章。

在领域选择上,运营者很难避免与其他人重复,跳舞就是跳舞、唱歌就是唱歌、魔术就是魔术,内容领域确定后,就需要在内容细节上多下功夫。

在内容细节上下功夫,最好的办法就是坚持内容原创。即使是在细分的领域,同类内容也是比比皆是。因此,与其他内容运营者做出区别最好的方法,就是始终坚持内容原创。

一些运营者认为,依靠搬运内容也能够获得大量粉丝,而且效率很高,投入很少。确实,搬运内容是一种简单易行的内容运营方法,但正是因为这种反复不断的搬运行为,才导致了平台同质化内容过分堆积,用户体验下降情况的发生。

更何况,搬运来的内容往往较为杂乱,很难形成自己的独特风格,在内容价值变现上也很难操作。一旦哪一天视频号官方严查抄袭搬运行为,这些视频运营者的“生路”就会被截断。

一个账号保持持续吸引力的关键就在于内容创新,有个性的原创内容是账号升值的关键。

对于新手运营者来说,如果缺少必备能力,一上来就创新,难度会很大,也会影响到视频内容更新的持续性。因此,在最初阶段,运营者可以选择模仿他人的内容,在此基础上进行内容创新,为视频赋予自己独特的人格化特征。

严格来说,这种内容创作方式并不能算原创,但相比于直接搬运他人内容要好得多。那些想要真正进行内容原创的运营者,可以选择自己去挖掘内容素材。原创的内容可以来自自然生活、兴趣爱好,也可以来自专业特长、热点跟拍等方面。

原创视频内容除了要在具体情节方面出新,还可以使用一些拍摄的小技巧,增强视频内容的感染力。简单的原创内容是不难做的,运营者只要具备一定的拍摄技巧，认真观察生活中的点点滴滴，多动脑、多思考，就能从生活中获得启发，完成原创内容的创作。

之所以说生活中处处可以发现原创内容，是因为视频号平台受众强大的内容需求。在视频号平台上，各类内容都会找到自己的一席之地。所以，运营者无论在哪个领域进行内容原创，都会有相应的受众。如果原创内容足够优质，其影响还会跨越内容领域，成为整个视频号平台上的热门内容。

二、一分钟视频，脚本怎么写

短视频下半场，内容是吸引流量的最大利器，除了原创内容，很多运营者开始意识到，要想拍摄好的短视频，必须要有一个好的脚本。很多运营者就是不重视脚本，拍摄的随意性太强，致使视频缺陷明显。

脚本是什么？脚本有什么用？这是短视频运营者一定要明白的两个问题。脚本：表演戏剧、拍摄电影等所依据的底本或书稿的底本。脚本是我们拍摄视频的依据，脚本的创作是为了提前统筹安排好每一步所要做、该做、怎么做的事情，它是为效率和效果服务的。

当然，对于有团队的运营者来说，脚本相对要写得复杂一些，一切参与视频拍摄、剪辑的人员，包括摄影师、演员、“服化道”准备、剪辑师等，他们的一切行为和动作都要服从于脚本。

1. 脚本很重要，千万别忽视

（1）提高视频拍摄效率。脚本其实就是短视频的拍摄提纲、框架。短视频脚本模板有了这个提纲和框架，就相当于是给后续的拍摄、剪辑、道具准备等做了一个流程指导。就像我们写文章一样，写文章之前先列一个提纲，然后根据提纲去拓展创作。这样写起来思路更清晰，效率也更高。

（2）提高视频拍摄质量。虽然视频号的短视频大多都是在一分钟左右，但是，如果想要基础流量高、转化率高，必须精雕细琢每一个视频里的每一个细节，包括景别、场景布置、道具准备、台词设计等。这些都是需要脚本来呈现的。

2. 脚本写作前期要做的准备

在编写短视频拍摄脚本前，运营者需要确定好短视频整体内容思路和流程，主要包括以下几个方面。

（1）视频的定位。定位决定了短视频的内容表达。比如，是做美食制作的短视频，还是做服装穿搭的短视频，这都要提前规划好。视频定位我们在前面已经讲述过了，在此不再赘述。

（2）视频的主题。视频主题决定了道具准备。比如，服装穿搭系列，拍摄一个连衣裙的单色搭配，就是需要准备相应的道具，单色连衣裙、各种配饰等。

（3）视频的表现。这主要是确定拍摄的时间和地点。确定好拍摄时间，可以做成可落地的拍摄方案，不会产生拖拉的问题；拍摄地点非常重要，一定要根据定位和主题确定拍摄地点。比如，拍摄美食制作的视频，是选择室内场景还是选择室外场景，是选择普通的家庭厨房还是选择开放式的厨房，都要提前规划好。这些提前确定好了也是为道具准备服务。

3. 一分钟视频，台词字数要控制

对于独立运营者，脚本撰写侧重的是视频内容台词。台词是为了镜头表达准备的，起到的是画龙点睛的作用。台词准备时一定要注意：一分钟最多能说 250 个字（正常语速），准备台词时最好不要超过 200 字，不然用户听起来会特别累。

前面我们说过，一条合格的短视频，至少要满足四个“有”中的一个。当运营者做好脚本准备，又检查过自己的视频会满足四个“有”中

的一个或多个，就可以写台词了。这个台词就是运营者这条视频要口播的内容。

常规来说，如果用的正常速度说话，一分钟能够说 200～250 字。如果是情景剧的，能说出的字数更少。用 200～250 个字，把一件事情说清楚，本身就是创作行为，一定不能像拧开了的水龙头一样，随意地说。

三、两个套路一分钟讲清、讲好一件事

一分钟讲清、讲好一件事，有两个最好用、最管用的套路。其一，开始就提问；其二，开始就给答案。

1. 开始就提问

(1)提问＋答案＋引导(备选)＋预告(备选)

这种形式类似于自问自答。第一句话是问题，接着是答案。答案最好是一、二、三列出来。

比如，下面这条视频内容："职场上如何判断自己是否跟对了人？我总结了四点：①看他是否愿意带你成长；②看他是否愿意帮你谋求福利；③看他是否愿意带你见识人和事；④看他是否愿意给你机会独立。"

直接提问，直接给答案可能会让人觉得视频内容简单"粗暴"，但如果运营者有干货，有独到的观点，用户就会点赞。

比如，这条视频："新闻通稿怎么取标题更有传播力？"在短短的一分钟内，讲清楚取标题的秘诀：取标题有三要，一要有数据，二要有观点，三要有事实。随后，还举了一个例子，最后还引导大家点视频下方的链接，看更详尽的文章，往公众号上做了导流。

如果运营者要带货、卖课，最后还可以加上运营者的引导，如，"这

样的职场干货，我整理了一门课程，点击屏幕下方链接，加入我的社群，我们一起快速成长。”

也可以加上下期预告，如，“下期，我将分享：三个细节判断你的老板是不是不想用你了。”

（2）提问 + 答案 + 例子 + 重复答案 + 引导（备选）+ 预告（备选）

这种形式比第（1）种形式多了“例子”和“重复答案”，“例子”能帮助用户理解内容，“重复答案”强调答案的重要性。

比如，这条视频：“突然让你在众人面前说话，如何不慌、不乱，说得有料？六个字——快张嘴、慢说话！举个例子，读书会上，我突然问你，小张，我的视频号你有什么建议？你站起来，如果只想着搜索答案，很容易慌张。正确的做法是，快张嘴、慢说话。快张嘴，显得你反应快，但先不回答问题，而是说点别的。如‘我是老师的粉丝，读过您的很多书，以为作家只适合写文字，没想到老师还可以录视频’。说这段话等于给自己一些思考时间。接下来再慢说话，如‘我有三个建议，一是多用滤镜提升颜值；二是多送福利；三是多互动’。记住了，六字大招——快张嘴、慢说话！”

所举的事例，可以是正面的，也可以是反面的，也可以正反都有。

如果运营者要带货、卖课，可以加上：“学到没？快张嘴、慢说话，来自我手里的好书《完美沟通》，作者是中国传媒大学教授宋晓阳老师。戳屏幕下方链接，可以一键购书。”

同样，也可以加上下期预告：“下期，我将分享，向上司汇报最容易犯的三个错误。”

2. 开始就给答案

（1）结论 + 阐述 + 引导（备选）+ 预告（备选）

这种形式类似于倒装句，先下结论，再阐述论据。

下面举一个具体事例来说明。

关于要不要结婚，听懂这三句话就可以了！一是结婚首先是一件美好的事。一男一女碰着了，决定用庄严的仪式，结合在一起，建立新的家庭。二是不结婚，也不是一件糟糕的事。自己想通了、决定了，然后享受一个人的快乐，当然也要承担一个人的不便，这就可以了。三是既然选择独身，那么，承受阻力、化解压力，也是必须要面对的，不要抱怨或者泄愤。现在很多人要独身，尤其是女性，可能会受到一些阻力和压力，主要来自父母的不理解和催逼，但这个观念会改变的。其实，已经改变了很多。同意，点赞。下期讲，我们必须要警惕的一种“假单身”。

（2）结论＋例子＋重复结论＋引导（备选）＋预告（备选）

这种形式比第（1）种形式多了“例子”和“重复结论”，“例子”能让用户理解结论，“重复结论”能强化记忆，让用户记住有用的结论。

下面也用具体事例来说明。

永远记着：免费的往往是最贵的。讲个故事，昨天，我一朋友搬家，找来几个朋友帮忙，最后家确实搬完了，但一个名贵的瓷器打碎了，酒柜撞缺了一角，一套线装书掉在地上被人踩过，还有个帮忙的人一不小心崴了脚！招待大家下馆子的钱和医药费，远远超出请搬家公司的费用。最重要的是，还总觉得自己欠了大家的人情。记着，免费的往往是最贵的。明天我将分享新的话题：如何做一个让人感觉舒服、自己也感觉自在的故事。

以上说事的方法，有一个特点，那就是开头，要么是提问，要么是一上来就给答案或结论。为什么要这样？难道不可以娓娓道来吗？这里要讲深一点，就要谈到运营者的作品是如何到达用户手里的，是用户刷屏刷到的。即使用户关注了运营者的账号，也不能直接触达视频，也要靠不停地刷才能看到视频。用户打开手机，直接搜运营者的账号观看，这种情况太少了。既然是用户无意中刷到的，那么用户和运营者是非常弱的社交关系，相当于路人之间擦肩而过，如果运营者的视频不能第一时间吸引用户，用户就会忽略掉该视频，当然也无从谈关注了。再想娓娓道来，用户没这个耐心看！这是一个很重要的认知。鉴于这个认知，视频必须一鸣惊人：要么提问，要么直接给结论。

所以，哪怕运营者选择评价一个新闻热点，也一定要"一上来就提问"或者"一上来就给答案"，而不要像平时写文章那样，先陈述新闻、提出问题、分析问题、解决问题。陈述新闻，意味着考验用户的耐心。只要是新闻热点，就没必要再去复述。需要运营者复述，说明它就不是热点。运营者就直接说事，直接提问。

比如，下面这条谈热点的视频："没有宣传，没有热搜，芒果台综艺节目《乘风破浪的姐姐》为什么火了？有人说，是因为30位女明星，她们本身自带流量。我觉得看问题不能仅仅看到这个层面。这个节目火的更重要的原因是真实。大家来看一个小片段：宁静说出自己的心里话，不配合节目组做自我介绍，这就很真实。不是通常我们看到的配合节目组的介绍，那都是演给观众看的。高度互联时代，我们看到的很多东西都是数据做出来的，都是演出来的，都是美颜美出来的。一旦人们知道这些套路后，真实就显得非常珍贵。真实也是我们做人、做事都应该遵循的一个法则，也是制胜宝典。"

短视频，容量有限，用户耐心，也有限，所以运营者切记不要绕弯子，切记不要啰唆，一定要干净利索、清新明了。

第四节 用标题“勾引”用户点开视频

视频封面信息、视频下方的文字说明，运用得当，能“勾引”用户点开视频，进而关注该视频的运营者。

一、标题很重要

在视频号内容运营中，与视频内容一同展现给粉丝的，还有视频的封面和标题。

视频封面很重要。运营者把视频转发到微信群、微信好友的时候，封面信息是露出来的。视频出现在信息流里也是露出来的。一个有着醒目标题的视频封面，可以吸引微信群的朋友、微信的好友点开。

从重要性来看，视频的标题和视频内容是同等重要的。一些运营者在做内容运营时，会忽视标题的作用，这会影响视频的点开率。在很多时候，内容文案往往能让粉丝迅速领会视频内容的精髓；有时也能带动粉丝关注和互动，扩大视频内容的传播范围。

视频下方的文字说明同样重要，都是对视频的一个介绍。与写文章一样，这些都算是标题和中心。

视频封面信息、视频下方的文字说明的撰写是有技巧的，运营者需要时刻记着一个词：勾引。如何勾引用户看了视频的封面信息，愿意去点开视频。比如，《新闻通稿怎么取标题更有传播力》《外交部发言人为何点赞刘亦菲》这样的封面标题。为什么不直接给答案？很简单，就是引导用户去点开视频看答案。所以，新媒体写作的标题有一个很大的特点：“遮遮掩掩，欲擒故纵”。

如右图这个标题“这个父子故事，希望你能看到”，并不告诉你是哪个父子故事，引人好奇。

标题撰写技巧

二、用标题区分类型

标题主要可以分为以下几种类型。

（1）互动型标题。这种类型的标题多采用问句的形式，运营者会将观看视频的粉丝当成互动的另一方，通过互动问话来加深彼此间的联系。比如，“心情不好，怎么办？”

（2）悬念型标题。这种类型的标题注重设置悬念，目的在于吸引用户在视频页面上停留更长时间。这样一来，不仅能够提高视频内容的完播率，同时还可以提升粉丝的转化率。比如，“为什么结局会是这样？”

（3）知识型标题。这种类型的标题会用一些不常接触的知识或者现象，来影响粉丝的情绪，引发粉丝的好奇心理，有时还会制造一些人为的“恐慌感”。比如，“在这个看脸的世界，动物结婚也看脸！”

（4）鼓动型标题。这种类型的文案传达的往往是一些正能量、美好的内容，目的在于调动粉丝的积极性，引发粉丝共鸣，从情感上抓住粉丝。比如，三个月时间，减掉50斤，我能做到，你们也能！”

（5）段子型标题。这种类型的标题非常有趣，但也可能很无厘头。文案内容可能与视频内容并没有什么关联。

（6）共情型标题。这种类型的标题更多是平铺直叙事件，在内容叙述中，往往带有很浓的博同情意味。一些特殊事件很容易触动有相同经历的用户的情绪，让特定用户群体感同身受。比如，“做哪行都不容易，为清洁工人点赞！”

无论是哪种类型的标题，与内容相契合是最为重要的。当然，很多时候，如果能在标题中应用一些技巧，就更容易获得粉丝的点赞或关注。

三、标题写法的小技巧

标题的写法，有以下几个小技巧。

第一个技巧，与“我”有关。就是运营者的这个标题要与“我”有关。比如，“25岁到30岁的人必看的一段话”。用户一想，自己26岁，那就点开看一下。再比如，“深圳四十年，你来深圳多久了”“你爱深圳的三个理由”，之所以播放量和互动量不错，就是因为和“我”有关。假设“我”是一个在深圳生活了很多年的人，看到这条视频，就想点开看看，也许还会留言说点感想。

第二个技巧，对“我”有用。比如，“北京朝阳区的居民注意了！周一出行有三段路需要绕行”，那“我”住朝阳，肯定要看一下吧。再比如，央视315晚会后，“佐强频道”发了一个视频，标题为《被央视315曝光后，企业道歉的正确姿势》，这样的内容，对于一些知名品牌的公关就很有启发作用，那么这些人都会点开看看。

“佐强频道”的这个标题，业内人士都想点开了解

第三个，挑动情绪。恶俗标题党的“是中国人，必须转”，就是这个意思。我们当然不能用这样的标题。举一个正面例子，有一篇文章是评价黎巴嫩电影《何以为家》的，题目叫“不是所有的生养，都值得感恩”。看到这里，人的情绪一下子就被挑了起来，都想看看是怎么回事。

第四个技巧，替“我”说话。比如，每次有人贩子的热点新闻出来，那些以“拐卖孩子的人贩子，抓到以后应该严惩”为标题的文章，就会得到很多转发。因为对于很多父母来说，他们觉得这个标题说出了他们的心声，不自觉就会点开视频，进而转发。

第五个技巧，制造悬念和冲突。就是在标题中把用户的好奇心吊起来，让用户忍不住点开视频观看。比如，2020年7月初，腾讯和老干妈事件时，一个短视频——《腾讯被骗思考之一：幕后真相和TA有关》，用户一看这标题，势必点进去看看这件事到底和谁有关。

四、标题里加入关键词

在以上技巧的基础上，还可以做一个小动作，那就是在标题里加入一些关键词，让与这个关键词有关联的用户忍不住想点开看视频。

（1）加入地域。微信公众号鼎盛时代，爆款文章《北京，2000 万人在假装生活》刷屏，北漂的人都想看看到底是怎么假装生活的。再如，《后疫情时代的深圳中小品牌之殇》，深圳的中小企业主就愿意打开看看。

（2）加入年龄。最常见的是《30 岁的人，10 件绝对不能干的事》，30 岁的人都想看看不能干的究竟是哪 10 件事。

（3）加入身份、职业。中产、妈妈、独生子女、高管、创业、单身、撸猫一族等，都是有传播力的热门身份。公务员、医生、警察、程序员等，都是有传播力的热门职业。比如，《中产的收入被谁偷走了》，这样的标题，中产阶层，甚至不少还不是中产的年轻人都想看看是怎么回事。

（4）加入收入。比如，《年薪百万的"90 后"，他们凭什么》，年薪百万的"90 后"，想看看怎么写的；年薪没有百万的"90 后"以及其他"后"，也想看看他们到底凭什么年薪百万。

这些关键词，还可以混搭、组合。

短视频标题的写法有很多，这里只写了一些基本的技巧或者套路。运营者可以打开视频号，观察各种标题。只要有心，就能琢磨出好的标题。运营者也可以记下一些好的标题，然后自己去套用，并且创新。

第五节 用创作点亮视频号

一些运营者认为，现在做视频号，在内容选择上的余地很少，这会导致视频素材可供选择的范围降低，让内容创作变得更为困难。只有那些竭力挖掘原创内容的运营者知道，其中蕴含着无限多有价值的内容。

一、创作必须遵守的三大铁律

运营者对视频内容有了基本的认识后，下面再强调一下视频号创作必须遵守的三大铁律。

（1）视频前10秒一定要抖出核心观点或者提问。不要啰唆和铺垫，在各种信息流里，陌生人最大的耐心只有10秒。

（2）一个短视频，只讲一件事，只讲一个观点。原因在于：第一，容量不容许；第二，用户消化不了。一件事，如果有多个观点，就拣最重要的讲。实在割舍不了，就分多期讲。

（3）能不正经说话就不要正经说话。短视频不是玩正经的地方。

第一稿文案出来后，逼迫自己做两个工作：能否说得有趣点，能否提炼至少一句的金句。何谓金句？要么颠覆常识、反逻辑，比如，“不是因为你牛才分享，而是因为你分享才牛”；要么逗趣、搞笑，比如，“你连灵魂都没有，谈什么灵魂伴侣”。金句能吸引用户转发视频，转发语就是金句。

二、打动人心的内容原则

在做视频号内容时，除了要做好视频内容的创作和策划，还需要注意一些细节要点。从整体上来看，视频号上内容运营需要遵循一些必要的原则，这些原则也是热门视频内容的必备要点。

1. 突出性原则

所谓突出性原则就是要将自己最想表达的东西放在最为显眼的地方。以单个视频内容来说，在剧情高潮节点上凸显主旨，是一种十分有效的方法。前面讲的“两个套路”也体现了这一原则。直白地向用户展示内容主旨，要比让用户自行去感受强得多。

在软文营销领域，“标题党”经常会受到用户的“口诛笔伐”，这种情况在短视频平台上也很常见。有些运营者将视频标题起得非常“玄乎”，比如，“仔细看，你能发现吗？太吓人了！”这类标题虽然采用了设置悬念的方法，能够吸引用户关注，引发用户的观看欲望。但如果在具体内容表现上不尽如人意，满足不了用户的好奇心，就很容易造成反向的效果。这类视频最大的问题就是表意不突出，想给用户制造悬疑和惊喜，却又无法用具体的内容呈现出来。

还有一类常见的视频也忽略了突出性这一原则，这类视频最主要的问题是，存在严重的信息堆积现象。运营者想要通过视频内容传达出很多信息，但一分钟的视频时长并不足以传达出太多信息。运营者将所有信息内容堆积在一起的结果就是,用户不知道重点在哪里,以至于这么多信息一个也没被记住。

2. 浅显化原则

所谓浅显化原则,就是让视频内容更容易被理解。视频号平台上的用户构成非常复杂,不仅有潮流前卫的"90 后""00 后",也有传统出新的"70 后""80 后",更有闲暇较多的"60 后""50 后"。想要让自己的内容符合所有用户的口味,显然是不现实的。这时候,把内容做得通俗易懂就很有必要了。

当今时代,信息碎片化越来越严重,人们也越来越繁忙,很少有人能够长时间将注意力聚焦在一个点上。短视频正是通过"短"这一优势,从长视频那里争取来了许多用户,看一段 60 秒的视频,并不会花费多少时间,也不需要太多的深度思考。很多用户刷视频的目的很简单,就是为了放松心情,这种时候让他们看晦涩难懂的内容,显然是不合适的。

大多数用户在看到复杂的视频内容时,都会顺势一划,去观看其他内容了。因为他们喜欢的是短视频的直接刺激。对于那些不容易理解的内容,运营者可以采取一种故事化的方式将其简化,这样的呈现方式既趣味无穷又通俗易懂。

3. 吸引力原则

所谓吸引力,就是要保证视频内容中存在亮点,这与前面提到的突出性原则有着明显的区别。突出性原则强调的是突出视频的重点和亮点,而吸引力原则更强调如何制造和延续亮点。

一个视频如果没有亮点,就不会有太多人感兴趣,观看和点赞的人少,官方就不会持续给予流量支持。

可以看出,那些视频号平台上播放量较低的视频内容大多是缺少亮点的内容,或者说,更多是"随手"拍摄的视频内容。热门视频大多经过了细致构思、反复排演、个性剪辑的过程。

无论是自带亮点，还是在视频内容中制造亮点，只要能持续利用亮点来吸引用户关注，就是成功的内容运营。

三、最容易获得10万+点赞的视频背后的逻辑

最容易获得10万+点赞的视频是有其背后的运营逻辑的。

第一种容易获得点赞的是正能量。比如，见义勇为、舍命救人；高考当天，交警冒雨送考生；国家大事，卫星发射成功。激发人类共同情感的内容，点赞人数多，情理之中。

第二种容易获得点赞的是才艺展示，尤其是传统手工艺。比如，木雕制作过程：一块普通的木头，在工匠师傅的一刀一凿中，变成一尊精美的佛像……这样的"化腐朽为神奇"，这样的距离现代生活越来越遥远的"稀奇"，让人不知不觉在惊叹中为视频点上一赞。

第三种容易获得点赞的是让人惊艳的风景、风光。比如，西藏风光：蓝得让人眩晕的天空；纳木错的湖水；高山草原上，一马、一人，孤独而空灵……这样的"诗和远方"，让都市里刷屏的人们可望不可即，唯有点赞回报。

但是，这些10万+点赞的作品，与大部分普通运营者无关。这样的内容不是运营者想拍就能拍的。当然，并不是说研究这样的视频无用，相反，大有裨益。这些获得高点赞视频有普通运营者值得借鉴的地方，他们之所以能传播开来的背后逻辑是定位、内容、主题都符合短视频的实际，符合用户思维。

用户思维关键就是要成就用户。为什么用户会有痛点？因为焦虑，因为害怕，更因为能力不够。事实传播比口碑传播更有效。事实传播也就是用户看了运营者的视频后发生了哪些事实上的变化，是不是

身心愉悦了？是不是对未来充满希望？是不是找到了解决问题的方法？运营者拍摄短视频也是要研究用户的痛点。痛点的背后都是恐惧，问题是我们要如何克服恐惧？解决的方法是让用户通过看某视频，变得更有能力，找到解决痛点的方法等。

了解了这样的逻辑，运营者可以尝试让自己的视频往这方面努力。

四、口播和手势的必要性

无论是运营者想引导用户点赞视频、关注账号，还是想让用户积极留言参与讨论，或者是希望用户看完视频戳屏幕下方的微信公众号文章链接，如果时间允许，尽量用语音说出来，就是“口播”出来，同时配合手势。这是要展现声音的魅力。

声声入耳、声声入心。运营者在视频里用文字提醒大家关注、点赞，远不如一句真实的声音提醒有效。卖货郎，为何一定要摇响拨浪鼓，并且吆喝，它肯定是有道理的。只要拨浪鼓一响，吆喝声一起，女人、孩子就会从家里出来，围在货担旁边。这就是吸引人的逻辑。

第五章

录制：遵循最简原则

相信大家都听过一句话：文字时代，有图片，就有优势；图片时代，有视频，就有看头；视频时代，会制作，才是趋势。短视频录制并不像人们想象的那么简单。我们经常会看到别人录制的各种精美的视频，也想要自己的视频达到这样的效果，这是需要一定的技巧的。

第一节 视频录制的要素

哪里有流量，哪里就有机会，视频号为企业和个人提供了一个展示自己的平台。运营者都想录制优质的短视频，打造属于自己的“私域流量”。下面我们讲一讲录制一个完整的短视频需要注意的要素。

一、保证视频清晰度

视频号对运营者上传视频的分辨率，并没有具体的要求。但是，对于运营者来说，一定是希望自己发布出来的视频，越清晰越好。高清视频，会有很多数据要求。对于普通的运营者来说，其实没有必要去记这些数据。因为现在常用的剪辑软件，在最后导出视频的时候，都会让使用者选择“导出设置”。这些“导出设置”有不同的档位可供运营者选择，运营者根据需要选择就可以了。

比如，分辨率可选择的档位有 540p、720p、1080p，以及更高的档位。视频的帧率，可选择的档位有 24、25、30、50、60。

这些专业术语，运营者不需要去理解。导出视频的时候，选择最高数据就可以了。1080p 的分辨率，属于高清视频；60 的帧率，属于“最佳体验”。运营者就选择这些高的数据，唯一的“坏处”是，导出来的视频所占的容量比较大，会霸占手机内存。

二、细节决定成败，视频尺寸比例设置

视频号允许发布的视频，可以是横屏的，可以是竖屏的，也可以是正方形的。

如果选择竖屏，则需要记住一点：视频号平台设置的视频宽高比例是 6：7。而大部分剪辑软件可设置的竖屏视频比例是 3：4。3：4 的视频比例，导出来的视频，发布在视频号上，会被平台自动剪裁掉一部分。这是发布视频作品需要特别注意的一个细节。运营者录制的时候，记得在头顶上方留一些空间、字幕下方也要留一些空间，免得上被裁掉头顶、下被裁掉字幕。

一句话，宽高比例只要是 16：9 ~ 6：7 之间的横屏、正方形、竖屏视频，发布出来就是原始视频的模样。

三、横屏好，正方形好，还是竖屏好

很多运营者都会碰到选择屏幕的问题，是选择横屏？还是选择正方形？或者是选择竖屏？首先要明白的一点：视频的尺寸和形状没有“高低贵贱”之分，也不会决定视频作品的传播力。运营者要录制的视频，是横屏、正方形？还是竖屏？可以依据运营者的喜好选择。

但是，一些特殊的内容也有更适合的屏幕类型。一般来说，横屏的更容易展示背景和环境，相对来说，适用于旅行、剧情类视频。正方形和竖屏，更适合展示和聚焦出镜人的外貌、气质、表情、肢体动作，以及出镜物体的外形、细节等，相对来说，更适用于观点表达、技能讲授等视频。

我个人建议多发布竖屏作品。因为竖屏有一个天然的优点：霸占手机屏幕更多面积，让用户的眼里“全是你”，制造出一种“沉浸感”。如果是横屏，用户一边看你的视频，余光还可以看到上下展示的其他人的视频，要留住用户，难度就大了。

注意！视频尺寸是可以通过设置背景改变的。每个剪辑软件都有这个功能。横屏拍摄的原始视频，可以设置正方形或者竖屏的背景，最后导出来的视频呈现，就变成了竖屏。

四、发布图片注意事项

发布图片的要求和视频是一样的。

图片肯定是越清晰越好，因此要求图片的分辨率要高。

尺寸方面，宽高比例只要是 16 ∶ 9 ~ 6 ∶ 7 之间的横屏、正方形、竖屏图片，发布出来都是原始图片。如果不是这个比例，会被平台自动裁切。

视频号允许发布 1 ~ 9 张图片。多张图片呈现的状态是“翻页显示”，而不是像朋友圈那样的九宫格展示。

目前，视频号高赞的图片，基本上以美女为主。

视频号，顾名思义，建议大家尽量还是以发布视频为主。

竖屏视频，系统最大宽高比例为 6 ∶ 7

第二节 选择正确的拍摄器材和道具

拍摄短视频的时候，不能只是学习手机的使用方法，还要学习一些关于拍摄短视频的设备、服装、道具运用的小技巧，这些技巧的运用直接影响运营者短视频吸引粉丝的数量。

一、别浪费钱，选对器材很重要

之前说的，视频号运营初期，尽量不要花钱购置各种专业的设备，做到设备最简。

录制视频必须要有的几个设备是：手机或者带录像功能的数码相机、收音设备。收音设备，市面上，正常的领带夹“小蜜蜂”，基本上就能够应付大部分的录制。另外，也可以准备一个稳定器，在录制视频的时候能提高成功率。

如果是在室内录制，可以准备一个补光灯。

同时，为了节约时间，如果有大段的台词，建议购买一个简易提词器。这样就避免了忘词的尴尬，也可以缩短录制的时间成本。

二、服装、道具背后的传播学原理

运营者做视频号的终极目的，是通过每天发布作品，把账号打造成一个拥有粉丝的品牌或者IP。运营者几乎每天都要和粉丝见面，要想在粉丝心里留下一个深刻的印象，是可以在服装和道具上面花点“小心思”，做一些设计的。运营者可以根据账号的内容以及受众粉丝的特点，挑选适合自己的服装和道具。

要提醒的一点是，运营者的服装和道具，尽量不要变来变去。所有的视频可以用同一套衣服，这样能增加粉丝对运营者的熟悉感，个人IP也更容易深入人心。粉丝需要的是熟悉感，而不是陌生感。这跟可口可乐100多年来永远都是红色瓶身，是一个道理。

至于道具，建议也不要随意改变，因为道具容易形成“视觉锤”，强化个人的IP形象。比如，运营者可以用一把扇子作为道具，也可以选择一支钢笔，或是一个酒壶作为道具。

可以选择的道具有多种，玩法也非常多，但是一定要与视频风格搭配。另外，需要注意的是，道具起到的是画龙点睛的作用，不应该是画蛇添足，一定不能让道具抢了主体的风采。

三、场景选择，人工还是自然

对于学习摄影的人来说，拍摄短视频应该是一件得心应手的事情。具有摄影经验的人懂得调和环境与人物之间的关系，他们会将人与环境相结合起来传达内容和情感。对于普通人来说，拍摄短视频就要选择好场景，让场景对应视频定位。

不同的环境所烘托出来的气氛是不同的，人物身处其中，所表现出的心理情感也会有所不同。一些短视频虽然内容上差异不大，但所呈现出的效果却截然不同，其中的重要原因就在于场景选择上存在差异。

一般来说，视频内容在场景选择上可以分为人工场景和自然场景。

人工场景主要是根据拍摄需要，人为搭建起来的布景。人工场景的布置过程较为烦琐，但可操作性强，可以根据想法来自行设计。

自然场景是指那些原本就存在的场景，不需要人工搭建，运营者可以为其增添相应装饰。室内场景选择往往是卧室、餐厅或商场，而室外场景大多是一些自然美景或建筑物。

在选择场景时，运营者需要根据视频内容进行搭配。当然，在一些特定风格的视频内容中，场景和人物形成强烈反差，也能营造出较为强烈的效果。

一个最为简单的例子，就是跳舞视频场景的选择。一般来说，跳舞的最佳场景应该是舞厅。但大多数舞蹈类运营者却选择将热闹的大街、无人的车库、繁华的商店门前作为主要场景，这种反差所带来的效果是非常明显的。这些视频内容不仅能吸引路人的目光，还能吸引粉丝的目光。

再次提醒，录制视频的背景，建议运营者别改来改去，最好是比较简洁的背景，比如，书架、客厅背景墙、办公室背景墙，如果运营者不用植入公司品牌，纯色背景最理想。当然，这个背景的设置还与运营者的账号定位有关，要尽量与账号定位相吻合。如果运营者的账号内容是荐书，那最理想的背景就是书架了；如果运营者的账号是教人打高尔夫球，那背景最好是高尔夫球场。

第三节 用技巧 展现视频风格

正如前面所说，录制视频，不像拍电影和拍电视剧那样需要专业的设备，普通的摄像机、有摄像功能的照相机都可以，手机和摄像头效果也非常不错。不过就是因为使用了不太专业的设备，录制视频的时候，一些技术方面的注意事项和技巧应当特别重视。

一、录制环节又快又好的奥秘

前期准备工作充分，录制环节才能又快又好。

视频号平台上大多数的视频都是一分钟左右的短视频，虽然短，但是录制过程与拍电影是一样的。任何一部电影，它真正的拍摄时间，不过是一个月左右。短的，只有十几天、二十几天；长的，也就是两个月左右。但是在拍摄之前，至少得准备一年以上。这些时间包括剧本的打磨、演员的挑选、资金的准备、场地的勘察等。拍摄视频号短视频也是一样。

以上我们谈到各种认知，以及脚本文案的撰写，现在终于到了坐在镜头前录制的时候了。如果运营者的准备工作做得好，录制就会很顺利，否则就会出现各种问题，这些问题多数是因为没有准备好。鉴于前面已经讲述过准备工作了，在此就不再赘述了。

二、录制应遵循最简原则

短视频毕竟不同于电影，大多数不是艺术作品，而是普通运营者的作品。而且，它还需要运营者每天都发布，所以短视频的录制应该贯彻一个原则，那就是最简原则。

短视频录制的最简原则，包括四个方面。

（1）时间成本最少。我们录制一条视频不能花太多的时间。对于运营者来说，也许单条视频可以花得起这个时间，但是如果每天录制一条视频都要花这么多时间，时间和精力都浪费在录制上了，打磨内容的时间就会被压缩。所以，运营者要权衡录制的时间成本。

（2）人力成本做到最简。视频号运作初期，运营者一定要学会一人多能。想选题、写文案、拍摄、剪辑、上字幕、配乐，都一个人完成，要熟悉所有的环节。这样即使以后如果账号做大了，有团队了，也能够把控所有环节。

（3）设备做到最简。视频号是在智能手机上传播。如果运营者的账号内容不是特别复杂、特别精美的画面，有一台手机、一个稳定器和一个简单的麦克风，就足够了。没有必要一开始就购置各种专业的设备。一般来说，账号还没做起来，就买了一堆设备的人，基本上都是浪费。

（4）后期剪辑做到最简。视频号大部分的视频都是一分钟之内的短视频，没有必要加太多的字幕和“画中画”视频。如果视频过于复杂，会让运营者的后期剪辑工作量增大。观众也没有这个时间和心思捕捉这些多余的信息。画面干净整洁，能准确完整地传达想要表现的内容,就可以了。

三、根据内容选择镜头

镜头选择,就是拍摄的时候选择远景、全景、中景、近景、特写当中的一种或几种。短视频拍摄中,也要根据视频定位,选择合适的镜头。

短视频摄影中全景、中景、近景、特写主要是按表现人物的部分来区分的,具体区分方法如下。

全景画面:主要表现人物全身,活动范围较大,体型、衣着打扮、身份交代得比较清楚,常用来展示事件发生的时间、环境、规模和气氛。

中景画面:画框下边卡在膝盖左右部位或场景局部的画面,观众能够看清人物的表情,而且有利于展示人物的形体动作。

近景画面:拍到人物胸部以上至头部,或物体的局部。近景的屏幕形象是近距离观察人物的体现,有利于表现人物的面部或者是其他部分的表情、神态,所以近景能清楚地看清人物细微动作。

特写画面:画面的下边框在成人肩部以上的头像,或其他被摄对象的局部,也称为特写镜头。特写镜头的表现形式是,被摄对象充满画面,比近景更加接近观众。

四、如何面对镜头说话

不知道如何面对镜头说话?相信很多运营者都有这方面的困扰。下面介绍几个技巧,帮助短视频运营者“好好说话”。

首先,要有一个清晰的认知。有了这个认知,运营者就不会担心在镜头面前表现不好了。这个认知就是,作为一个普通人,每个人在镜头面前说话都不太自然,这是正常的表现。面对镜头说话磕巴、不流利,不是个别情况。除了播音员、专业的演讲人员,大多数人都是这样,所以不必焦虑，不必自卑。

其次，在镜头面前自如地说话，最好的心理暗示就是，把镜头想象成自己的一个老朋友，想象成一个自己在他面前说话会很舒服的对象。镜头就是朋友的眼睛。那么在录制的时候，运营者眼睛就看着镜头，像与朋友正常交流一样。就是这么一个小小的技巧！另外，录的次数多了，自然而然就放松了，慢慢习惯了，也就忘记了镜头的存在。

最后，多加练习。俗话说，“熟能生巧”。这句话同样适用于在镜头面前说话。很多运营者也是通过平时的不断练习来让自己的表达更加流畅，并且还积累了很多经验，所以能在镜头前收放自如。

五、视频号的表演可以夸张一点

表演是短视频呈现给大家的最直观的方式。不管是舞蹈赛道、唱歌赛道、搞笑赛道还是美食赛道，运营者都会通过表演的形式传达给观众一些东西。

表演方面，我们不提唱歌跳舞这些普通的表演，如果不是对嗓音和舞蹈十分自信，不建议新人走这条赛道。

视频号的视频绝大部分为一分钟，而且在一个相对比较小的屏幕上播放，所以，运营者在视频里面的表演、运营者的表情、运营者的动作，是可以相对夸张一点，这样粉丝才能看清、看懂。这些夸张的表演比专业或普通的表演更能吸引人，不少人就为了看一遍夸张的表演，然后感叹一句，“真奇葩”。

六、晋级策略：掌握运镜技巧

运镜指的就是镜头的运动方式。从近到远、平移推进、旋转推进都是可以的。对于个体运营者，初期暂时使用不上运镜技巧，后期有自己的团队时，运镜技巧就要运用到视频拍摄当中了。运镜技巧能让短视频表现效果更好，更有电影感。下面简单讲解一下短视频拍摄中经常用到的一些运镜技巧。

1. 推拉运镜

推拉运镜是拍摄中运用最多的手法。推拉运镜是前推后拉，一般指的是将镜头匀速地移近或者匀速地远离被拍摄的主体。向前推进镜头是通过从远到近的运镜，让景别逐渐从远景到中景，再到近景，甚至是特写。这种运镜方法容易突出主体，能够让观者的视觉逐步集中。而向后拉伸的镜头，则是与向前推进的运动方向恰好相反，通过由近到远地向后移动来远离被拍摄的主体，让两端的景别逐渐增加，以此来交代场景和环境，同时也形成壮观感。

拍摄短视频的时候，稳定器要使用全锁定模式，然后规划好线路，运镜时尽量保持匀速的移动，可以使用忍者步，更好地保持住稳定器运镜时的稳定性。

2. 环绕运镜

拍摄环绕镜头需要保持手机的位置不变，以被拍摄的主体为中心手持稳定器进行旋转移动。环绕运镜就犹如巡视一般，能够突出主体、渲染情绪，让整个画面更有张力。

环绕运镜拍摄短视频的时候，稳定器需要使用航向跟随模式，被拍摄的主体应居于画面的中心，拍摄者环绕被拍摄的主体圆周形进行移动拍摄。

环绕运镜运动要尽量保持顺滑，保证手机和被拍摄的主体之间等距。用环绕运镜拍摄时，尽量压低重心，保持匀速小步伐，以此提高稳定性。

3. 低角度运镜

低角度运镜是通过模拟宠物的视角，使镜头以低角度甚至是贴近地面的角度进行拍摄，越贴近地面，所呈现的空间感则越强烈。

低角度拍摄也能够更加聚焦于某一部位，最常见的莫过于腿部行走。

低角度运镜拍摄短视频时，稳定器使用全锁定模式，将稳定器倒置提握，降低重心，采用忍者步缓慢前行跟拍。如果手机有超广角功能或者添加外置广角镜头，拍摄效果则更佳。

4. 极速切换

极速切换镜头是很多电影中常见的镜头，不管是用于人物交谈场景，还是用于转场，都是很自然的转接，不会显得生硬，这也可以运用到短视频拍摄当中。

目前，很多稳定器都有极速跟随模式，通过手臂的摇晃摆动，稳定器会及时响应跟随，营造出画面转向模糊的即视感。

用极速切换运镜拍摄短视频时，稳定器使用极速跟随模式，移动时注意手臂的力度，通过手臂发力带动稳定器转动。注意力度不要过大，防止对电机造成损伤。

5. 移动跟随

移动跟随运镜即拍摄者通过在被摄体前方、后方或者侧面移动拍摄，拍摄者需要与被摄体保持等距，并进行平行匀速移动。

用移动跟随运镜拍摄，稳定器一般使用航向跟随模式，可以跟着被摄体移动的方向进行左右移动。

使用移动跟随运镜拍摄短视频时，可以根据不同焦段去搭配使用手机广角镜头或者长焦镜头，会营造出不一样的视觉效果。

6. 升降运镜

升降运镜可以借助前景出现，利用稳定器一边上升或者下降进行拍摄，升降运镜能够带来画面的扩展感。

主体上，从被摄体的局部慢慢移动；空间上，从收缩到纵深。烘托了气氛,也体现了画面感情状态的变化。

用升降运镜拍摄,稳定器一般使用航向跟随模式或者全锁定模式,拍摄者需要降低身体重心,身体从半蹲到慢慢站立,而稳定器通过手臂逐渐抬高。

升降运境状态下,可以使用二倍焦距,让画面显得更加紧凑。

其实运镜方法有许多,当运营者能够熟练地使用稳定器的时候,就可以在基础的运镜动作上加上其他元素,使镜头看起来更加酷炫,更具有动感。

第四节 靠剪辑提亮视频

仔细分析短视频红人的视频可以发现，他们在做短视频时，不少都运用了视频剪辑技巧。通过视频剪辑或是后期配音，视频内容可以展现出更好的效果。

一、缘何要掌握剪辑技巧

在大多数综艺节目中，都会看到视频剪辑的身影，很多时候，高超的视频剪辑技术甚至可以制造出混淆视听的效果。许多综艺节目，都是靠着后期剪辑的“神操作”弥补了拍摄中的不足。在视频号平台上，视频剪辑技术也发挥着同样重要的作用。

“一分钟的短视频还需要剪辑？简单一拍不就好了。”大多数新手运营者都会有这样的认识。他们认为，在视频号平台上，短视频正是凭借这种直接拍摄的方式，才赢得粉丝喜爱的，根本不需要费时费力去剪辑。但经验丰富的短视频运营者都知道，只有经过剪辑处理，视频内容才能更有趣、更完美。

剪辑的第一个作用在于，它可以删除掉冗杂的内容，这样可以帮助运营者更好地展示重点,突出核心。运营者想要在视频中着重表达什么,就可以通过剪辑突出呈现这些内容,把与之关联不大的内容剪辑掉。大多数有故事情节的短视频,都要靠剪辑来完成内容的拣选工作。

视频剪辑的第二个作用在于,为视频内容增添特殊效果。借助于视频剪辑,运营者可以为视频内容增加多种不同的特效,将一些现实生活中本不能实现的内容变为现实。

通过视频剪辑,运营者可以将视频改造成各种风格。对于那些创作原创视频内容的运营者来说,视频剪辑是必不可少的内容运营环节。很多时候,在具体内容确定之时,视频剪辑的相关要求也就随之确定了。

二、剪辑如何又快又好

短视频后期剪辑要坚持的原则:画面清晰、字幕准确、风格统一。

这里的风格统一既包括视频的尺寸统一,字幕的字号、字体的统一,也包括配乐的风格、画面的统一等。

在风格统一的基础上,也可以添加一些必要的文、图和“画中画”视频。

再次提醒,不要在视频里面露出二维码、私人微信、手机号码等营销信息,也不要出现其他短视频平台的标识,这是不符合视频号运营规范的。

三、几款常用的、免费的剪辑软件

这里说的剪辑软件是手机剪辑软件。如果在电脑上剪辑,常用的软件是:Pr(适用于 Windows 系统)和 Final cut pro(适用于苹果电脑)。

在我看来，对于一般的短视频运营者，“杀鸡焉用牛刀”，短视频剪辑不用小题大做，不需要在电脑上用比较专业的剪辑软件，软件开发商或者企业厂商早就准备好了精巧好用的手机剪辑软件。

目前，用得最多的两款免费的手机剪辑软件是：剪映和快影。二者的开发者分别是抖音和快手。

剪映

在手机应用商店搜“剪映”“快影”，一键下载 App，马上可以使用。这两款软件的功能非常齐全，有画幅选择、背景选择、语音自动转字幕、字幕字体选择、配乐、美颜等，只有想不到的，没有它们做不到的。毕竟抖音和快手是专门的短视频发布平台，也是专门为短视频运营者服务的。

快影

另外，视频号也有一款剪辑工具，名字叫“微剪”。“微剪”不是App，而是一款小程序，不用另行下载。在小程序里搜“微剪”就可以看到。它的功能相对简单，只有四个：文字、音乐、特效、滤镜。滤镜也是简单的几种，美颜花样也非常有限。这也再次呼应了视频号的特点——“记录真实生活”：尽可能地让作品多一些真实，少一些修饰。

微剪辑小程序

第六章

发布：稳定、优质地输出

运营者在做视频号时，需要明确一个重要问题，那就是自己认为优质的内容，如果粉丝不满意，此前的一切努力也就毫无意义。因此，运营者需要把内容做到粉丝的心中，或者说抓住粉丝的需求去做内容，才能更好地吸引粉丝。

第一节 发布这件事很重要

帮助视频号账号输出的方法有很多,这些方法涉及运营的各个方面。除了一些颇为常见的方法外,视频内容发布时间的选择也存在着一定的玄机。有些时候,视频内容没有被热门推荐,并不是因为其质量本身存在问题,而仅仅是因为没有选好一个恰当的发布时机。

一、不同类型账号的不同发布时间

对于视频内容的发布时机,一些专业的数据评测机构曾做过统计。通过对不同时间段视频号视频的点赞量和观看量进行分析可以发现,在 13:00 和 18:00 这个时间点是点赞的高峰期。

在这两个时间段的基础上,研究机构发现,12:30 到 13:30,20:00 到 23:00 这两段时间是观看短视频的高峰期。

一般来说,用户每天上网或者刷手机有四个高峰时段:7:00 ~ 9:00、11:30 ~ 14:00、18:00 ~ 20:00、20:00 ~ 24:00。

在工作日，上面四个时间段是用户刷视频号的主要时间。在周末或假期期间，上面的时间划分就不一定有效了。由于每个人对假期活动的安排不同，大多数人刷视频号的时间也会各有不同。

在视频内容发布时机的选择上，上面提到的大众用户刷视频号的时间段只能作为一个参考。不能说只要在这些时间段内发布视频内容，就能够获得大多数用户的关注。对于具体的视频发布时间，不同的运营者需要根据自身具体情况来确定。

首先，运营者可以多关注同领域中的大号，看看这些大号都是在什么时间段内发布视频内容的。大号之所以能够火起来，除了内容运营做得好，也是恰当地选择了发布时间。之所以要关注同领域大号内容发布的时间，一是可以将其作为自己内容发布时间选择的一个参考；二是合理避开同类内容发布的高峰，减少竞争压力。与同领域大号竞争，并不是一件容易的事情。

其次，运营者需要根据自己的内容特征来确定具体的视频发布时间。不同的视频内容所面对的目标受众群体是不同的，运营者需要找到自己的目标受众群体观看视频的时间，据此来选择发布时间。一般来说，早上适合发布一些资讯类、新闻类、财经、知识、心灵鸡汤类的视频；午休和下班路上，适合发布一些轻松娱乐的内容；晚上休息时，适合发布的内容则相对较广，知识、娱乐、心灵鸡汤类的视频都可以。不过这只是一个常规的说法，并不是绝对的。

最后，如果遇到了热点事件，运营者就不需要再去纠结内容发布时间的问题了。热点内容最为重要的一点就是时效性，越早发布，越能够抢占先机。在其他运营者还没有着手做时，发布自己创作的热点内容，这样能够最大化提升传播效果。当然，在发布热点内容时，一定要保证内容的正确性和价值观导向正确性。

二、常见的视频发布套路

综合分析当前视频号平台上视频内容的发布时间，可以总结出几种常见的视频内容发布套路。

1. 定时发布

一些短视频运营者会选择在固定的时间发布视频内容。一般来说，具体的发布时间可以在账号简介和账号主页上标明。这类账号就像《新闻联播》一样，每天会在固定时间更新内容，不会过分追求热点，也不追求“最佳”发布时间。这种定时发布的方式能够保证内容的延续性，也体现出运营者负责任的态度。

2. 随机发布

与定时发布不同，有些运营者在发布内容时并不会考虑具体时间，尤其是那些头部达人，有些甚至会选择在半夜发布视频内容。这种随机发布的方式并不推荐普通运营者使用，因为随机发布的“吸粉”效果有待商榷。由于那些头部达人粉丝基数较大，视频内容质量很高，所以随机发布的方式才会最小化负面影响。对于粉丝基础并不深厚的运营者，最好不要随机发布视频内容。

3. 热点发布

追随热点事件发布视频内容，与随机发布很像，但又有一定的区别。追随热点发布并不完全随机，每一种热点都有固定的持续时间，并且这个持续时间并不会太长。所以追随热点发布的时间选择大多是热点事件刚刚爆发时，而不是这一热点已经持续了一段时间之后。

4. 错峰发布

一些运营者会故意错开大众用户刷视频号的高峰时段来发布视频。为了让自己的视频内容更可能被推荐，很多运营者会选择在刷视频号时间段之前发布视频内容，其中17：00到20：00这段时间会成为错峰发布的高发时间。

当然，如果大多数视频号账号都选择在这一时间段内发布内容，导致内容过度堆积，会在无形中降低被推荐的概率。运营者也需要考虑好这一方面的问题，不能盲目地采用错峰发布的方法。对此，运营者可以采取试验的方法比对错峰发布和定时发布的效果，然后选择更适合自己的内容发布时间。

三、视频更新最忌讳的一件事

作为视频号“吸粉”的一个小细节，视频内容发布时机的选择在一定程度上也影响着视频的传播度。无论运营者选择哪个时间段发布视频内容，都需要形成一定的规范，视频更新最忌讳“两天打鱼三天晒网”。

运营者的视频时间和更新频率，应该尽量相对固定，这有利于培养用户的观看习惯。

尽量让视频号能够保持日更。即使不能日更，也要有一个相对稳定的更新频率。比如，一周三更或者一周两更。每天一更或者相对稳定的更新频率，对运营者的创作、运营也是一个考验，也是一个督促。运营者只有把视频号运营当成一个重要工作来做，才有可能做出成绩。没有几个人敢说，随便玩一玩，就可以玩成一个拥有巨量粉丝的视频号大号。

四、发布一定要有定位和话题

运营者发布短视频之前一定要检查一下，看看视频有没有设置定位和话题，发布页面里的定位、#话题、@提到、扩展链接都要利用起来，如右图所示。

1. 定位的作用

有了定位，系统会推给定位周边的同城用户看，增加曝光率。

关于定位，有一个小技巧：定位既可以是系统默认的、运营者当时所在的位置，也可以自己设定一个具体的位置。如果运营者视频的内容是财经，可以把定位设定到 CBD 金融区，用这样的定位，视频有可能被推送到更精准用户的手机上。

发布页面里的定位、#话题、@ 提到、扩展链接

2. 话题的作用

（1）系统会根据运营者经常设定的话题，为账号的打上标签。比如，某个账号是谈男女情感的，视频经常设置的话题是“情感”，那么系统就会认为该的账号是情感类，以后就会把该账号推送给经常看情感类型视频的用户。

（2）方便用户搜索。比如，很多人想买书，又不知道什么书好，值得买，一般有时候会在视频号里搜“好书”“读书”这两个词，那么如果运营者的视频正好有“好书”“读书”这两个话题，用户就会搜到这个视频，从而有可能关注。

（3）方便粉丝快速找到感兴趣的内容。即便是每个账号都有固定的内容定位，但也不可能全部发与定位相关的内容，偶尔也会发一些休闲、生活、幽默类的视频。但一些专业粉丝，希望看到的是运营者在垂直领域的见解、观点，设置话题就可以让这些粉丝根据话题直接找到感兴趣的视频，而不需要一一打开去查找。

“佐强频道”就用常用的三个话题：“强传播”“强品牌”“强公关”，如果用户是在企业里做公关，偶然的机会看到设有“强公关”话题的视频，只要点击这个话题，就可以进入这个系列，里面的内容都是与媒体公关相关。用户不用浪费时间一个一个去浏览视频号的所有视频，就可以找到自己感兴趣的内容。

视频号官方之所以推出定位和话题功能，说明它是有用的，千万别搁置浪费了。

五、正确设置话题

话题怎么设置？其实是有诀窍的。

第一，话题就是关键词，用户看到话题就明白该视频或者该账号是讲哪方面内容的，是不是自己想看的。

第二，话题的功能，是方便用户搜索。用户搜索时，运营者恰好设置了这个话题，运营者的视频顺带就被曝光了。

那么，对于新手运营者来说，话题要尽可能设置的宽泛一些。比如，“美食”“旅行”“情感”“汽车”“财经”等。参照传统互联网栏目设置，一般有到以下24个常规的、通用的话题：时事、民生、财富、科技、创业、汽车、楼市、职场、教育、学术、政务、企业、文化、百科、健康、时尚、美食、乐活、旅行、幽默、情感、体娱、美体、文摘。

当然，在大话题之下，也可以设置小话题。比如，运营者是经营美食账号的，话题除了打上“美食”之外，还可以加上“川菜”“甜品”之类的小话题。

话题可以设定多个，只要符合单个视频内容都可以设置上，但切忌求多求全。美食视频，就没必要打上类似“正能量”“时尚”这些与美食八竿子打不着的话题。

如果运营者是某个领域的达人，自己的名字单独打一个话题，也是必要的。比如，“钟二毛”就固定有一个话题：“钟二毛”。“佐强频道”设有三个固定话题：“强传播”“强品牌”“强公关”。

数据公司发布的结果显示，长期活跃的话题有：搞笑、美食、萌宠、穿搭、音乐、猫、旅游、创业、正能量、健身、VLOG 等。

第二节 稳定的内容输出

一般来说,运营者真正开始短视频内容营销时,都是从构思和创意阶段开始的。运营者必须思考,如何提出好的内容创意,如何始终如一地提出好的内容创意。短视频内容输出是一个长期的过程,因此,拥有一个可以使运营者长期可靠地输出内容的体系至关重要。

一、精心打磨第一条视频

精心打磨第一条视频,明确突出账号风格。第一条视频是视频号系统给运营者标记的第一个标签。这个标签很重要。因为,第一条视频系统都会给与一定的推荐。打磨第一条视频常用以下两种方法。

1. "二分法"

第一条视频的内容可以规划成两部分,我们称之为"二分法"结构。第一部分,就是用 30 秒左右的时间讲运营者在这个专业领域的内容,后 30 秒则用来介绍运营者以及视频号定位、更新频率、发布时间等。这样，用户看了，既收获到了干货，又认识了运营者，可谓一石二鸟。

2．“三段论”

除了“二分法”，也可以用“三段论”：一是，“我”是谁（突出自己的专业性，如名校毕业、闪亮业绩、服务过大品牌等，最好用数字体现）；二是这个视频号将分享什么；三是用户能从这个视频号中收获什么（干货、资讯、加入社群、链接牛人、抽奖、福利等）。如果时间允许，告诉用户这个的视频更新频率、发布时间也是有必要的。

对于一般的运营者，建议第一条视频的主题设置成“你为什么要关注我”（如右图），让观看者一目了然。

第一条视频的主题

二、视频号轻松高质量日更的三个方法

（1）策划。根据视频号定位，主动策划。要想实现视频号高质量轻松日更，运营者策划的，最好是系列话题。系列选题不仅能解决日更问题，还可以在视频里预告下一个话题的内容，引导用户关注。

（2）借力。看看同类型的账号，了解别的运营者有什么好的话题，从中找到灵感。记住，千万别照搬、抄袭。

（3）蹭热点。每天都有热点新闻出来，这些热点也为运营者创作提供了源源不断的话题。

三、判断视频优劣和传播效果的两个方法

视频号作品要被“算法”看中、选进热门，往往有很多不可控的因素。有一点，却是可以控制和预测的，那就是运营者的视频作品发布以后，在所有的同类作品的平均数据（点赞、播放量等）里，它是不是一个平均分以上的作品。

如何判断呢？有以下两个方法。

1. 凭借直觉、“号感”预测

运营视频号久了之后，会形成一种“号感”。“号感”是我独创的一个词，它从“网感”这个词演变而来。也就是说，每个视频作品，运营者制作完成，然后按照正常的时间发布、按照正常的节奏推广后，它能不能被更多人的点赞、有没有良好的传播效果，作为创作者心里是有数的。一个作品能不能给人惊喜，这个惊喜，既包括内容上的，也包括形式上的；作品能不能结合热点第一时间发布等，对这些关键点把控，会使运营者逐渐形成一套自己的判断标准和“号感”。有了标准和“号感”，运营者策划新的内容时，就有了参照。

2. 视频作品不着急上传发布

对新手运营者来说，视频录制完成后不要着急上传，先让朋友们（这些朋友，最好是运营者的目标受众）帮忙看看，听听他们的真实想法：这个作品，到底有没有打动人的地方，能不能让人发自内心地说“嗯，这个不错”。目标受众的意见很重要，可以帮助运营者做出判断。

第三节 发布后的持续关注

视频号运营不存在一劳永逸的情况，短视频发布后一定要持续关注。持续关注不仅可以解决临时出现的问题，也可以帮助运营者改善视频号运营。

一、当视频遭遇后台审核时，应该了解的三件事

视频上传很简单，编辑好文字信息后，点“发布”，很快会完成上传，也会及时地被粉丝浏览到。但是，也有些时候，运营者的视频作品会暂时无法分享到朋友圈或者发送给朋友，即“分享到朋友圈”或者“发送给朋友”两个按钮是灰色的，这就表示该作品正在被系统后台审核。系统后台审核的视频只能被运营者自己看到。

发现这种情况后，不要着急！视频被审核并不代表该视频作品不能发布，只不过因为这个视频作品，视频号后台觉得有可能涉及敏感话题、热点话题，或者出现了一些有可能违反运营规定的其他行为，需要进一步核实。

运营者碰到这样的情况，最好的办法就是耐心等待。审核的时间，据视频号官方的工作人员答复，半个小时之内都是正常的。

大多数的情况是，只要视频作品没有违法违规，经过系统审核后，最后都是能够顺利发布的。

如果视频作品违规了、确实不能发布，系统会告知运营者具体违反了什么规定。这个告知，会出现在后台"消息通知"里的"系统通知"这一栏。"系统通知"里会留有一个官方的邮箱，如果运营者不服系统的研判，可以通过这个邮箱去申诉。只要有理有据，运营者的申诉也是有可能得到系统的支持的。

二、删除已发布的作品对账号的影响

运营者发布视频后，会出现想删除某一视频的想法，这里的"删除"分为以下三种情况。

第一种，发布成功后，很快发现错漏了某些东西，或者觉得视频不够完善，想删除重新发布；

第二种，觉得自己之前发布的视频作品不够好，想删除；

第三种，自己的账号定位改了，之前发布的作品和最新的定位不符合，想删除。

视频号对于删除作品并没有严格的限制，不存在所谓"降低权重"的说法。相对别的平台，视频号还是给了运营者比较大的自由空间，所以是否删除，由运营者自己做主。"带货一哥"李佳琪也曾经清空过早期发布的作品。

除了第一种"删除"，其他两种删除，建议运营者最好等作品过去三周之后再删除。因为，有人统计过，一个作品如果在三周之内没有上热门的话，它再上热门的概率就很小了。三周之内，别着急删除，万一被推上热门了呢。

三、尽快把作品数量提上去

视频号“开工”后，当务之急是把作品数量提上去！更新的频率要快，可以一天发布多条作品，尽量不要间断，要在短时间内，让后台作品列表占满一整屏。

这样做的好处有两个：

第一，用户进入运营者的后台，看到已经发布了很多作品，觉得运营者是连续创作者，增加信任感，会增加关注的概率；

第二，通过短时间发布大量作品，增加运营者对视频号的了解、熟悉和领悟。任何事情都是这样，量变引起质变。所谓的“业精于勤”，只有大量发布作品、大量练习，甚至可能是大量的试错，才能找到感觉，才能了解其中奥秘，才能走上快车道，才能谈得上提升效率。

第七章

推广运营：别让前期努力白费

在传播学中有一种重要的理论——议程设置理论。20 世纪 70 年代，美国的传播学家认为，在公众对社会公共事务中重要问题的认识、判断与传播媒介的报道活动之间，存在着一种高度对应的关系。简单来说，就是传播媒介将某一问题作为“大事”来报道，这一问题也会作为“大事”反映在公众的意识之中。这一理论应用在视频号运营当中，就是运营者要把短视频的推广运营当成“大事”来抓。

第一节 让短视频上热门

传播媒介对某一个问题或事件强调得越多,公众对这类问题和事件的关注也就越多。大众传播媒介不容易改变人们对某件事情的看法,但却可以引导人们去关注或是思考某件事情。

一、视频上热门的三个基本条件

在视频号平台上,要想让视频上热门,所创作的视频就要满足以下三个基本要求。

第一,视频内容清晰。视频播放不卡顿,不存在大量的虚化、马赛克现象,视频有字幕,且字幕完整。

第二,内容完整且健康。内容完整主要表现在表述清晰、容易理解不晦涩;内容健康,则主要是不存在违反国家法律,不存在低俗、血腥、暴力等内容。下图就是视频号平台对某一视频违反内容规定开出的“警告牌”。

第三,视频为原创。原创很重要,这里再次强调,运营者的视频一定要原创，不存在抄袭或者完全照搬现象。

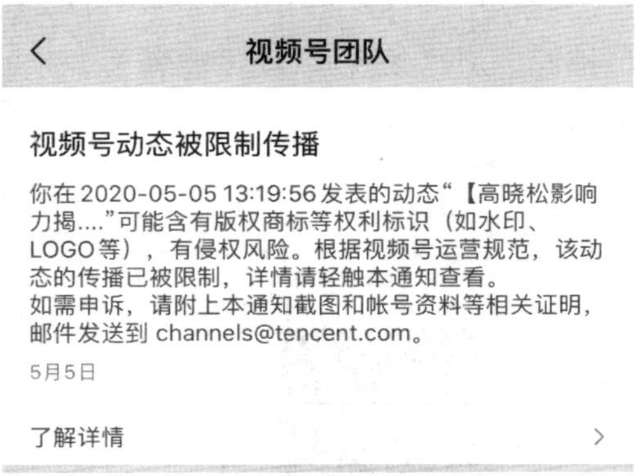

视频号团队开出的“警告牌”

二、视频上热门，发布后第一个动作

视频发布后，要第一时间发朋友圈。

视频发布出去，并不意味着运营者的工作就结束了，接下来，还有非常重要的推广工作。

视频号的内容是基于运营者的社交关系来分发和传播的，如前文所述，是“私域流量裂变”传播。因此，运营者发布视频之后，应该第一时间把作品转发到自己的朋友圈里。在不打扰他人的情况下，运营者也可以把作品转到微信群，或者发给某些微信好友。

微信好友看了运营者的视频，会有点赞、评论、转发或者收藏，这个在视频号系统推荐里面叫一度人脉。一度人脉给视频点赞了，那么微信好友的好友也会看到这个视频，微信好友的好友如果也点赞、评论、转发或者收藏，则是传递到了二度人脉。以此类推，视频号系统以此来判断运营者的这个视频作品的热度，并给予与热度匹配的推荐力度。

所以，视频发布以后，一定要第一时间转发朋友圈，这是必要的规定动作。如果视频作品足够吸引人，足够优质，做了这个规定动作，作品就有可能打通一度人脉、二度人脉、三度人脉甚至六度人脉，然后被系统连续、持久地推荐。那这条视频，就可能爆了。

第一时间发布朋友圈

三、利用热点，冲上热门

在视频号平台上，经常会遇到这样一种情况：同样一件事情，在视频号上可以找到好几种版本的视频内容。这些内容来自不同的账号，都是从不同的角度去展现这件事情的。这种现象在视频号平台上更为具体的表现就是运营者对于热点事件的追逐。

利用热点事件去做内容运营，能够大大提高运营的效率和效果。

决定热点事件价值的重要因素就是时效性，第一手资料的价值往往是最高的。如果其他运营者先发现了热点事件，就会抢占运营先机。从具体的运营实例来看，在平台上利用热点事件成功“吸粉”的，主要是最初发现热点事件的部分运营者。

当前，大众获取热点信息的途径有很多，运营者可以关注的方面也比较多。

1. 微博和微信

微博和微信可以算得上是热点内容的集散地，微博热搜基本承包了每天的热门事件，微信朋友圈和微信看点也有不断更新的热门事件。

大多数自媒体人在做运营时，都会多平台结合来做，他们既做视频号运营，同时也运营着微博和微信公众号。多平台运营不仅能够更好、更全面地掌握热门事件，也能在各个平台账号间共享内容，更为重要的是，可以进行多平台引流。运营多个新媒体账号是多平台引流的必要条件。

一些运营者在微博或微信上发现比较热门的视频内容后，会将其发到视频号上。有的运营者会在原有视频内容中加入自己的创新设计，把热点内容以一种更为新颖的方式呈现出来。微博和微信作为获取热门信息的重要窗口，是运营者必须要关注的新媒体平台。

2. 百度、搜狗等浏览器

搜索引擎也是一个获取热点信息的重要渠道，如，百度搜索热点每天都会持续更新，根据事件的热度进行排列。运营者可以选择热度高，且与自己定位契合的热点事件来做运营。

3. 热门电影或电视剧

热门电影或电视剧中，经常会出现一些热点话题，这些热点话题很容易传播，受众范围也比较广。运营者可以多关注热门电影和电视剧，借助其中的热门话题来做视频号内容。

运营者应用这些热门话题做视频号内容时，还可以针对话题发表自己的观点。但要切记，不要违背大众认知，也不能三观不正，否则很容易造成负面影响。

4. 国外短视频或热门视频网站

视频号上的一些热门舞蹈有些是从国外视频网站中传播而来的，

关注国外视频网站的运营者，在发现某些视频内容在国外引发广泛关注后，将其再创作，然后发布到视频号平台上。有时候，这些视频内容自带热度，会引起广泛关注。但也存在视频内容因为“水土不服”而无法引起国内粉丝共鸣的情况。

在此强调一下，学习国外视频内容时，运营者要加入一些自己原创的内容，即使是国外视频网站的内容，也会出现重复的现象，毕竟不只是一个运营者在做。在视频内容中加入一些自己的内容，不仅可以避免侵权，也会更容易与其他运营者的内容区别开。

5. 从明星大腕身上找热点

在视频号上，有一些运营者专门发布明星们的日常，很多时候，其内容更新频率要比明星本身还高。这种运营者主要针对明星粉丝做运营，受众群体更集中，所需要寻找的热点也聚焦在明星身上。所以，从各种渠道挖掘明星的热门新闻消息，成了他们获取热点信息的主要手段。

对于粉丝来说，明星的一举一动都是热点信息，因此，运营者只需要紧盯明星就可以了。在视频内容上，可以选择跟拍或偶遇的方式，也可以在其他网站借鉴，在借鉴时，一定要加入自己的内容创作，可以使用特效、剪辑等方式来规避抄袭。

相比于按部就班地进行内容原创，利用热点事件来做内容更容易被推荐为热门视频。当然，视频内容的质量还是首要的，想要做出热门视频，运营者还要多在内容创意上下功夫。

四、蹭热点的正确姿势

如何正确蹭热点？有两个方法：一个是围追，一个堵截。

热点，分动态和静态两种。

每天突然冒出来的热点，属于动态热点。如，公共热点事件，名人、艺人的正面或者负面新闻等。

可以预见的热点，属于静态热点。如，母亲节、父亲节，运营者所在的城市重大历史节点这些，每年到了这个时候，它就是热点。又如，2020 年是深圳建市 40 周年，2020 年 6 月 26 日（深圳 40 岁生日前两个月），“佐强频道”就发布了一条视频《深圳四十，你来深圳多久了》，讲述作者与深圳的缘分及来深圳的时间，号召粉丝分享各自的深圳故事，得到很多南漂深圳朋友的点赞、互动。2020 年 8 月 26 日，深圳 40 岁生日当天，第二条视频推出，主题为“你爱深圳的三个理由”，让粉丝分享留在深圳的三个理由，并号召更多人参与这个互动。因为深圳是一个移民城市，1400 万人口，有近千万是非深圳户籍人口，他们生活、工作在这座城市，必然有留下来的理由。这样的主题能引起他们的共鸣，也得到比较好的反响。

这就是蹭热点，而且是策划好的蹭热点。对于动态的热点，要围追，要快，抢占先机。如果不快，角度就要巧，用专业的话说就是找好第二落点。

对于静态的热点，要堵截，要提前策划。

“佐强频道”视频《深圳四十，你来深圳多久了》

五、发起话题接龙活动

前面讲过，发布视频时，一定要结合视频内容添加话题，比如“正能量”“美食”“创业”“旅行”等话题。

话题的设置有两个作用,一个是强化视频定位;另一个是在用户搜索话题时,作品获得曝光的机会增加。

话题接龙,则是人为制造一个话题。如果这个话题能流行,制造话题者、前期发布该话题的视频,就能获得很大的曝光。早在微博时代,话题接龙就已经很流行了。

一个好的话题接龙活动,需要满足以下四点。

第一,话题要么轻松、有趣、好玩,要么正能量,且能引发共鸣,人人可以参与。

比如,2020 年五四青年节前,有视频号发布了一个话题接龙:"一句话证明自己是青年",就有很多人自发参与、拍摄视频。视频里,大家的理由很有趣,引发了多次传播。再如,2020 年 3 月,有人发起了"2020 我相信"话题接龙,也吸引了包括很多大咖在内的创作者参与、发布视频。人人纷纷表达疫情当前、相信未来的美好祝愿。

第二,一定是公益。不要带着商业目的,不然参与面不会太广,用户会有排斥心理。

第三,发布前,尽可能组织一群认可这个话题且愿意参与和发布视频的人,这群人是这个话题的"启动者"。"星星之火"越多越好,这样"燎原之势"才会更快、更猛。当然,如果能召唤到一些大 V、明星参与,那就更好了。

第二节 自我出发，精准引流

在视频号运营过程中，需要通过引流或内容本身来吸引用户关注，这个过程的核心就是“拉新”，让流量不断进入流量池内。内容形式本身只会影响用户关注的迁移，并不能决定用户是否传播。使流量价值转为短暂的需求价值的，是背后的社交价值。

一、经营好你的朋友圈

大部分人对自己的朋友圈很不重视。这里必须要说一句，最重视朋友圈的是微商。他们的朋友圈有自己的生活，有自己的产品推广，也有晒自己的工作业绩，还有与客户的亲密互动等。

运营者做视频号，应该第一时间把自己的视频作品发到朋友圈，内心潜台词是希望看到的人能点开视频观看，当然，更希望点赞、留言、转发、收藏。如果用户对运营者的朋友圈形成了刻板印象，认为该运营者的朋友圈一直是各种无聊的晒或者各种负能量，那么他发布的视频，多数人会直接忽略。

所以，运营者的朋友圈，除了发布有趣、有料、正向的生活日常外，也要营造“专业化”，就是视频号垂直领域的“专业化”，让看到朋友圈的人知道该视频是能传递有用的内容，才会点开观看。运营者一定要重视朋友圈的发布。当然，朋友圈印象的形成需要时间的积累。

二、创建你的粉丝社群

建立粉丝群的好处是，运营者的优质视频发到粉丝群里，大家因为信任、欣赏，所以点击观看，进而点赞、留言、转发、收藏，视频获得推荐的概率就大了许多。推广也能更有效，同时更省心省力。

运营者发布了视频，只要有人观看、点赞，就可以建立自己的粉丝群。不是名人、大咖才能建立粉丝群，我们要改变这个错误的认知，普通运营者也可以建立自己的粉丝群。

运营者可以通过以下步骤建立粉丝群：视频下方链接微信公众号文章，粉丝通过文章里公布的私人微信号添加运营者，然后运营者拉粉丝进群，这就完成了粉丝群的创建。建完粉丝群不是一劳永逸了，建群之后要用心维护粉丝群，这是一个长期的工作。

人人都应该建立类似的视频号粉丝群

三、互关互赞微信群

视频号特殊的推荐机制，让很多互相点赞的微信群或者发红包求赞的微信群，如雨后春笋般地冒了出来，甚至成了商机。有人组织了很多群，专门给有需求的人提供点赞、评论服务。

对于这些群，到底有没有作用，各种说法不一。

有人认为，通过这些群来给作品增加点赞数、评论数，会被系统监测到，会被视频号官方给予限流和降低权重的处罚。

有人认为，这些做法，对于视频号的传播，是无效的。

这都是各种猜测，从来没有被视频号官方认可过，视频号官方也从来没有对这些现象做出过任何的表态。

我的观点是，如果给运营者点赞的账号，不是机器人注册的虚假账号，那么这样的行为并不违规。但是，我并不主张大家过度使用这种方法。因为点赞的账号，是出于互赞的需要，或者因为收了红包而点赞。点赞的账号，未必是运营者的目标用户。

举个例子：某个视频是讲个人品牌塑造的，点赞的那个人却是一个全职太太，她关心的话题是母婴、美食和旅行。她点赞了，她的微信好友，会看到这个视频，但点赞的概率就很小。因为她的微信好友往往与她一样，有着相同的爱好和标签。也就是说运营者的视频作品只能停留在一度人脉，很难实现进一步传播。

总的来说，这些群可能会让运营者视频的点赞数、评论数变得好看，但对于作品的传播和涨粉的作用，是非常有限的。

相反，如果运营者有一个微信群，这个微信群是基于某种共同兴趣爱好聚集在一起，然后运营者发布的视频又和这些人的兴趣爱好趋同，如果微信群友都来点赞支持，这种传播就很有效。

所以，运营者有必要想方设法进入这样的微信群，或者花时间、精力组建属于自己的微信群。

四、直播互动，引起关注

在视频号直播功能还没有推出之前，运营者与粉丝之间的互动还只局限在内容文案、评论区以及私信上。在直播功能推出之后，直播过程中的沟通成了运营者与粉丝互动的主要方式。

直播入口

相比于评论和私信互动，直播过程中的互动更为直接，也最为有效。当粉丝数量达到一定标准后，大多数运营者都会选择开通直播功能，这是因为直播的直观性更强，内容传递也更及时，屏幕前双方的距离感会被弱化。

一些运营者在开通直播后，粉丝数量会明显上涨，很大一部分原因也是因为他在开通直播后与粉丝互动明显增强，吸引了粉丝关注。

虽然视频号并不是专门做直播的平台，在具体的直播功能上，也存在一些需要补充完善的地方，但视频号直播功能的开放，在很大程度上弥补了短视频内容上的缺憾，增加了运营者与粉丝互动的机会，更为运营者实现商业变现提供了条件。

与其他平台直播互动一样，在视频号平台上做直播，若想与粉丝形成良好互动，必须要讲求一定的技巧。

在直播过程中，粉丝会询问主播一系列问题，对于粉丝提出的问题，主播在能够回答的情况下最好都一一解答。当然，这并不是说主播对于粉丝提出的什么问题都要回答，如果遇到那些刁钻或没有准确答案的问题，主播可以选择转移话题略过这些问题。回答好粉丝的问题，对于主播的情商和临场应变能力有很高的要求。

除了回答粉丝的问题，调节直播间的互动氛围也是主播必须要做好的一项工作。在观看直播时，我们会发现有的直播间主播越聊，进来的粉丝就越多，对于粉丝的问题，主播也是对答如流，直播间的气氛非常活跃。而有的直播间里，主播自己聊得非常尽兴，参与互动的粉丝却寥寥无几，这种直播间的氛围是非常尴尬的。

之所以会出现上述两种截然不同的直播氛围，主要就出在主播的直播技巧上。这里的直播技巧并不是说一个人会不会聊天、会不会讲故事，而是说这个人知不知道在什么时间讲什么故事。很多能说会道的主播也会把直播间的气氛搞得非常尴尬，就是因为他没有正确使用沟通技巧。而一些并不善言谈的运营者，掌握一些沟通要点，运用一些直播技巧，也能成为直播间里的沟通达人。

为了做好直播互动，吸引粉丝关注，运营者可以从直播前、直播中和直播后三个方面进行努力。

1. 直播前仔细筹划

运营者想要活跃直播间的气氛，首先需要保证直播间里有足够多的粉丝，如果只有一两个人观看直播的话，主播就是说得再天花乱坠，也很难起到“吸粉涨粉”的效果。因此，在直播开始之前，运营者就需要用自己的账号进行宣传，告知粉丝自己几点会开直播，可以为粉丝准备一些类似直播抽奖的活动，这样能够更好地吸引粉丝准时关注直播。

在做好直播宣传工作后，运营者还需要对直播内容进行筹划，最好能够做出大致的内容流程图。有些运营者认为，直播就是与粉丝“聊聊聊”，但实际上，大多数主播都会在直播前做足功课，这就好像老师在上课前要备课，演员在上台前要彩排一样。

当然，运营者也不必完全细究直播过程中的详细内容。由于直播中会与粉丝产生较多互动，有些时候，某一话题与粉丝互动较多时，运营者可以把这一话题延展开来，而不必再按照自己设计好的“剧本”去进行互动。能够通过粉丝提出的话题把直播氛围炒热，要比主播设计话题活跃气氛好得多。

2. 直播中多微笑问候

直播中与粉丝的互动除了回应问题外，主播还需要及时在粉丝入场时微笑问候。这种微笑的细节在直播时的效果是非常明显的，除了千篇一律的“欢迎”和“谢谢”，主播可以构思一些自己独特的感谢和问候方式。对于忠实粉丝，最好有针对性地感谢，不要所有人都使用一套问候说辞。在这一方面，注意把握好粉丝心理。

除了表达感谢外，主播也可以在直播过程中多讲一些幽默笑话和段子，这对于活跃直播间的气氛是很有帮助的。尤其是那些没有太多个人才艺，只依靠与粉丝聊天的主播，常备一些化解尴尬的段子是很有必要的。

3. 直播封面选择技巧

在直播运营中，大多数运营者会将运营的重点放在直播的内容上。将直播内容做得专业、细致并没有错，但如果将所有运营重心全部放在直播内容上，就会忽视其他环节对直播效果的作用。

在视频号直播运营中，有一个最为简单，却又极其重要的环节，那就是直播封面的选择。

对于主播来说，直播封面就是自己的“门面”，粉丝会通过封面对主播产生第一印象，而这种第一印象很可能会发展成最终印象。因此，直播封面的选择十分重要。

选择直播封面时，要注重两个问题，一是要保证封面优质合规；二是要展现出主播的魅力，对粉丝产生吸引力。

在优质合规方面，视频号官方并没有给出直播封面头像的具体标准，但有一些封面头像是一定会被限制的。

首先，就是使用与本人照片无关或者与直播内容无关的图片做封面。比如，使用明星图片、风景图片或动漫图片做封面，这些在平台上可能都是不合规的封面头像。

其次，主播个人穿着暴露、动作不雅，或者是抽烟喝酒的照片，这些也是不符合规定的。

最后，封面照片不清晰，有马赛克、二维码、黑边、白边和广告的，也都属于违规封面。

规避上面提到的这些内容，直播封面基本能够通过审核。但想要在封面上为自己加分，主播还需要在细节方面多下功夫。

如果是颜值类主播，最好选择自己的照片作为封面，可以选择半身照或特写来凸显颜值，同时要保证照片清晰、背景干净、明亮适中。

在选择自己的照片做封面时，可以适当进行美颜修饰，但不要使用过于抽象或加过多滤镜特效的照片。同时，离镜头过近的大头照也不适合用做直播封面。

如果是才艺类主播，最好在直播封面中表明自己的才艺内容，可以选择自己表演时的照片。照片同样要清晰、干净，由于可能会有器材、器械，所以要注意照片的构图。不要选择场景过大的照片作为直播封面，这样会分散粉丝的关注点。

主播除了需要在直播封面上多下功夫，在直播间的设计上，也需要跟自己的主播风格相匹配。即使不去做统一布景，也需要保持直播间干净整洁，避免阳光、灯光直射脸部等。

4. 直播后加强联系

在直播行将结束时，主播还需要提醒粉丝下次直播的时间，也可以提前布置一个下次直播需要讨论的话题，这样粉丝在下次观看直播时也能够“有备而来”，增加互动效果。

此外，在直播快结束时，主播还可以邀请粉丝加入自己的微信或

QQ 群组。这样即使在不直播时，也能够与粉丝随时联系，加强彼此间的情感。

视频号直播作为短视频内容的一个补充，其在“吸粉涨粉”方面的作用是显而易见的。运营者只要做好直播互动，就能慢慢累积起自己的忠实粉丝。拥有第一批忠实粉丝后，后续的引流涨粉工作就会省力很多。

第二节 深度吸粉，精准运营

伴随着互联网的普及，越来越多的人使用网络进行沟通，粉丝的规模也呈现出爆炸式增长。没有一个确切的时间点，也没有一个显著的征兆，粉丝成为一种趋势和潮流，好像就是一夜之间的事情。对于视频号运营者来说，吸粉能力也代表了运营能力。

一、做好粉丝画像

1. 粉丝画像

对于自媒体运营者来说，粉丝画像是一种重要的分析工具。通过粉丝画像，自媒体运营者可以调整自身的运营策略和运营方法，从而更好地吸引粉丝关注。根据粉丝画像，运营者能够更为精准地定位到自己的用户人群。

粉丝画像主要包括粉丝趋势、性别分布、年龄分布、地域分布、星座分布、词云图等多项指标。粉丝画像中的指标数据越多，越能够更好地定位到精准的用户群体。一般来说，粉丝性别分布、粉丝年龄分布、粉丝地域分布和粉丝趋势是粉丝画像中较为基础的数据指标。

通过粉丝性别分布，运营者可以知道自己发布的内容更吸引哪类人的关注。如果更吸引女性群体的关注，且运营者的目标人群就是女性用户群体，那么运营者就可以继续制作一些优质内容来增加用户的忠诚度。如果运营者的目标人群是女性群体，但从粉丝画像来看，关注的人更多的是男性，那运营者就需要分析一下是哪里出了问题，然后再决定如何去调整内容。

通过粉丝年龄分布，运营者可以知道自己的内容比较吸引哪个年龄层的关注。然后，按照该年龄层用户的特征，分析其对内容的具体需求，从而为后续内容制作提供依据。运营者还可以根据粉丝年龄分布数据，及时调整自身内容，吸引更多用户关注。

通过粉丝地域分布，运营者可以了解到自己的内容在哪个地域更受关注。在后续内容创作中，运营者可以加入更多相关的地域内容，从而让粉丝有存在感，提高粉丝的忠诚度。

通过粉丝趋势，运营者可以更好地了解到一段时间里，粉丝变化的趋势，了解到粉丝在哪个时间段增加，哪个时间段减少。结合自身内容的发布时间，运营者可以更好地分析出内容对粉丝的影响，再根据具体分析结果，适当调整自己发布的内容。

视频号已经开通“视频号助手”平台（https://channels.weixin.qq.com/login），这个平台和微信公众号平台一样，有各类数据中心，方便创作者了解自己的粉丝画像。

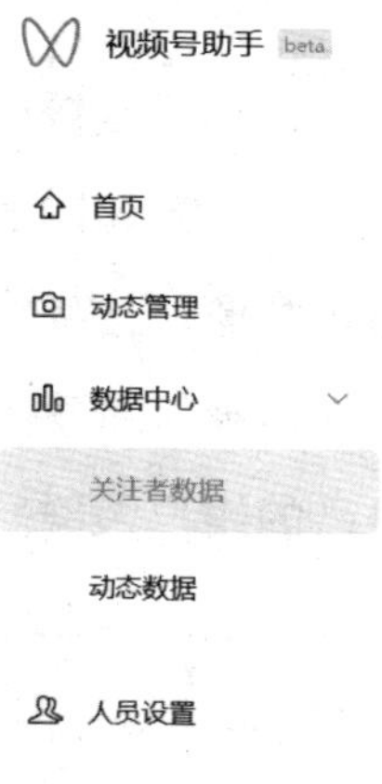

视频号助手

2. 平台的粉丝画像

运营者除了要了解自己的粉丝画像信息，还需要了解平台的粉丝画像内容。

从当前视频号用户群体构成来看，年轻人居

多，女性用户群体和男性用户群体基本持平，南方用户也要比北方用户更多一些。从发布的视频内容来看，高颜值类和萌宠类视频的点击量和关注量都很高。除此之外，生活技能类和独特才艺类视频内容也容易受到用户关注。在具体地域上，北京、广州、深圳、上海、江浙等地区的用户相对较多。

二、涨粉的核心原理与套路

1. 涨粉的核心原理

涨粉道路千万条，做好作品第一条。增长粉丝的最好办法，当然是发布好的作品，让用户看了作品，主动点赞，主动传播。用户进入账号后台，一看到已经发布了数量足够多而且质量稳定的作品，于是自然而然地就关注了。

2. 四个另类涨粉套路

（1）“处处留香”

所谓“处处留香”，就是运营者主动在一些热门号主的视频下留言。记住，若可选择微信号或视频号留言时，一定要选择视频号留言。

留言成功后，你的名字会变成蓝色，你就成为这个热门号主的“蓝朋友”，他的粉丝会在留言区看到你，且可点击蓝色字，直接进入你的视频号，进而可能关注你。

当然，这里有两个前提：第一，留言的质量要高，一定要精彩，大家觉得你有料才会好奇点击你的头像；第二，你的留言发布后，第一时间用自己的微信号，或者邀请朋友去给你的留言点赞，让你的留言出现在评论区里面靠前的位置，以便让更多人看到你。

（2）互推

最简单的涨粉办法，就是找到几个合适的账号，互相推荐对方。比如，两个账号都是做美食的，那么你推荐我，我推荐你，粉丝是不会反感的。同时，互推账号获取新的粉丝，也是属于自己的目标用户，即都是对美食感兴趣的人。

当然，运营者也可以找一个有差异化的账号来做互推，但这个“差异化”最好是与运营者的内容存在某些内部关联的。比如，聚焦品牌传播和媒体公关的账号，找专注于市场营销、创意广告领域的视频号互推比较合适。再如，做奢侈品的账号，可以找做境外旅行的账号互推，对奢侈品感兴趣的用户，可能也对境外旅行感兴趣；同理，对境外旅行感兴趣，可能也对奢侈品感兴趣。这种差异化的互推，粉丝也是不会反感的，各自获取的新的粉丝也是有效的。

互推视频，一定要真实、真诚，并在视频里面贴上对方账号截图，同时要口播出来对方视频号的名称，并请大家关注。视频下方的文案，也要把对方的账号的名称给@出来。总之，用尽一切形式，方便粉丝一键关注。这样的互推才有效。

(3)矩阵自推

当前，在视频上，大多数运营者都在“孤军奋战”，真正通过矩阵运营来做视频号的人并不多。相比个人运营者，做矩阵的大多是专业营销人员。

微信公众号有矩阵，视频号也有矩阵，在大多数新媒体平台上做运营，都可以用到矩阵的方法。视频号矩阵就是将视频号上账号与账号之间建立连接，这样不同账号间的粉丝便可以通过一条“通路”往来。从营销学上来讲，这是一种精准引流的方法，能够较大程度地提高新媒体账号的商业价值，更能形成一种集聚效应，放大单个账号的商业价值。

比如，运营者有几个账号，就形成了自己的矩阵。在A账号发布视频时，屏幕下方文案可@出来自己B、C、D账号的名字，让粉丝看到，一键点击蓝字，引发关注，实现导粉。

（4）广种薄收，随时推广自己的账号

做视频号吸粉要有广种薄收的思维，尽可能地在一切可利用的场景，为视频号导粉。比如，运营者去线下讲课、做分享时，可在 PPT 最后加一张图片放视频号二维码，讲课结束后，引导现场学员扫码直接关注。

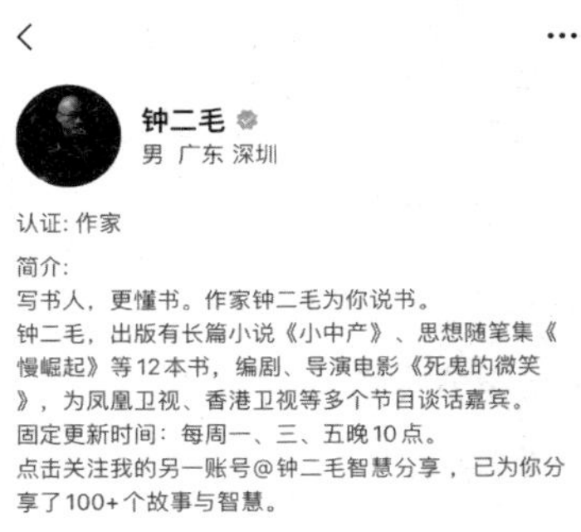

视频号“钟二毛”在简介里推荐矩阵账号“钟二毛智慧分享”

再如，时不时地在自己的微信朋友圈或群聊里发视频号二维码，引导微信好友、群友关注视频号。

虽是笨办法，但也有用。

三、利用粉丝互动

一些运营者不知道粉丝互动该从什么时候做起，是等到拥有一定基础粉丝后再做，还是在最初就策划一套粉丝互动模式，对此，不同的运营者持有不同的观点。

有的运营者认为，在运营之初就应该策划出粉丝互动的具体形式和方法，粉丝互动应该属于粉丝运营中的一个重要环节。但也有运营者认为，在还没有粉丝的情况下并不需要做过多的粉丝互动，只有粉丝积累到一定程度后，开展粉丝互动才有意义。

听上去这两种观点都有道理，但从实际粉丝运营工作的开展来看，从发布第一个视频内容开始，运营者就需要着手开展粉丝互动了。

1. 粉丝互动的作用

对于运营者来说，粉丝互动开展的先后会影响到后续视频内容的发布以及整体运营策略的调整，更为具体的作用则主要表现在以下三个方面。

（1）在运营者和粉丝间建立信任感。通过互动，粉丝与运营者之间已经产生了信任，当看到运营者的视频内容时，粉丝会认为视频是有质量保证的，因此会先点赞后转发。这也正是运营者需要与粉丝建立信任感的重要原因。

（2）让粉丝对账号内容产生较强依赖。这里提到的依赖，是说粉丝对运营者的账号内容具有一定的忠诚度和依赖感。很多时候，粉丝总量并不一定代表着运营者真的拥有这么多数量的粉丝，真正衡量账号价值的是运营者拥有多少忠实粉丝。忠实粉丝越多，账号价值越高，后期商业变现也就越容易。

（3）帮助运营者扩大影响力。良好的粉丝互动能够让粉丝们自觉帮助运营者宣传，有些时候这种宣传并不是刻意为之，但从效果上来看，却是极好的。忠诚度较高的粉丝会主动向周围人推广运营者的视频内容，因为在他们心中，这些内容是有趣的、有意义的，或者是有价值的。这都是良好的粉丝互动“结出的果实”。

2. 评论互动

良好的粉丝互动是粉丝运营的关键，在视频号上，运营者可以多渠道与粉丝展开展互动。在这里，我们主要介绍一下评论互动。

用户在视频内容评论区进行评论，说明他们对视频内容很感兴趣。运营者要及时关注点赞、留言的用户，经常点赞的人或者留言的人有可能就是铁粉。想办法联系到他，和他成为微信上的好友。有机会送福利时，要对这些铁粉给予照顾。尽可能地去回复粉丝的留言，与他们保持互动，也可以邀请他们加关注。

对于负面评论，如果是那些胡搅蛮缠、故意挑事的内容，运营者可以选择无视，或者表明自己的立场，尽量不要与留言者发生争执或骂战。如果是批评建议的内容，运营者可以选择虚心接受并感谢，或者是在虚心接受建议后，表达出自己的观点和想法。

视频号的评论区就像是一个小型的线上社区，每一个人都可以在这里发表自己的见解，有时候，粉丝还会在评论中探讨一些与视频无关的内容。在这个线上社区中，运营者作为其中一员，应该起到带头和领导的作用，积极参与到粉丝讨论中，这样才能与粉丝建立起信任感。

3. 粉丝数量与点赞量、转发量

互动能提高粉丝的活跃度，拉近运营者与粉丝间的距离。在衡量粉丝互动效果的时候，运营者还需要关注粉丝数量与点赞量、转发量之间的比例关系。

有的运营者发布的视频内容获得了近百万的点赞，但实际上粉丝只有几十万人，这就说明剩下的几十万点赞用户没有转化成运营者的粉丝。有的运营者发布的视频内容同样获得了百万点赞，而粉丝也增长了几百万人，这说明一些没有点赞的用户也转化成了运营者的粉丝。

积极与粉丝展开互动，能够帮助运营者增强曝光度，也能够帮助运营者树立起良好的个人形象。无论从哪个角度来讲，粉丝互动都是视频号运营中不可或缺的重要内容，运营者必须给予足够的重视。

四、关注粉丝需求

想要运营视频号，就需要了解自己粉丝群体的需求要点是什么。粉丝并不会无缘无故产生关注行为，其关注某一内容，一定是发现了该内容满足了特定需求，而且，粉丝还希望通过关注来持续获得这种需求的满足。找准粉丝需求，才能实现精准引流。

1. 常见的粉丝需求

一般来说，常见粉丝需求主要有以下五个要点。

（1）寻找快乐

寻找快乐这一需求产生的动机在于现实的痛苦，或者说生活中存在的负面情绪困扰着自己。大多数粉丝打开视频号都是在无聊或是心情不佳的时候。这是一种无意识的行动，当大脑感知到个体处于消极情绪中时，行为就会趋利避害地寻找能够消解这种情绪的方法。打开视频号正是一种解决问题的方法，如果在平台中，粉丝发现某个账号的内容能够消解他的负面情绪，或是为他带来持续不断的快乐，很显然，他会选择关注这个账号，来持续不断地获取内容。

（2）满足好奇

俗话说，“世界之大，无奇不有”，人类对世间奇事的探索从未间断。在视频号平台上，同样有许多期待探索未知的粉丝。人类追逐未知，是为了认识自然、了解世界，但也有一些时候是为了增加自己在社交场合的谈资。视频号上的冷知识和新鲜事所满足的正是粉丝的这一需求。

（3）达成目标

达成目标也是一种重要的粉丝需求。在视频号上，有一类情感账号，运营者会在视频内容中打造各式人设，从而让粉丝产生羡慕或欣赏心理，激发粉丝的模仿欲望。

（4）解决问题

遇到问题，就要寻求解决问题的方法。在生活中会遇到的各种琐事无法解决，比如，想要吃小龙虾不知道哪里的好吃，想要看电影不知道哪部电影好……人们有太多的问题，就会找各种渠道解决这些问题。视频号上的教穿搭、教理财、教经商的运营者，正是抓住了粉丝的需要解决问题的心理来展开运营的。如果运营者能够把自己塑造成用户的目标，或者帮用户解决一些问题，就很有可能吸引用户来关注，从而让这些用户成为铁粉。

(5)自我升华

相对于前面几种需求，粉丝的自我升华需求比较抽象，但近几年伴随着自媒体平台的兴起，绝大多数粉丝都饱经"鸡汤"的洗礼，在一定程度上获得了自我升华。那些跌宕起伏的成功案例，那些百折不挠的励志故事，那些凄美浪漫的爱情童话，在经过短视频运营者的再创作之后，都会成为吸引粉丝关注的动人故事。

2. 粉丝需求要点分析方法

一般来说，大多数的粉丝都是为了满足个人需求，是为了寻找一种精神寄托，或者打发自己的无聊时间，才刷视频号的。而运营者要做的正是通过分析方法找到粉丝的需求要点。

一般来说，分析粉丝需求要点，需要按照三个步骤去展开。

(1)捕捉粉丝需求

视频号上的用户众多，运营者不可能有精力一一分析他们的需求。因此，在分析粉丝需求要点之前，运营者首先需要确定自己的目标粉丝群体。确定目标群体后，不仅能缩小粉丝范围，还能够降低捕捉粉丝需求的难度。

粉丝群体需求的发现和捕捉需要依靠运营者敏锐的观察能力、推测能力和数据分析能力。从一定程度上来说，粉丝需求可以看成是存在的有待解决的问题，这些问题的延伸扩展即为需求。虽然确定目标粉丝群体能够缩小粉丝的范围，但在目标群体中，粉丝的需求也是多种多样的。运营者需要从众多粉丝需求中，捕捉到那些对自己有用的需求，这是粉丝需求分析的第一个环节，也是最为基础的环节。

(2)提炼需求要点

一般来说，同一类粉丝群体的需求是相似的，所以运营者确定目标粉丝群体后，能够较快捕捉到这一群体中粉丝的需求。在确定群体粉丝的需求时，运营者要尽量去找其中的共性内容，捕捉到粉丝群体真实的共性需求。虽然群体粉丝中的个性需求也需要加以注意，但应该放到共性需求分析之后。

从目标粉丝群体中捕捉到共性的粉丝需求后，运营者需要从这些共性需求中提炼出粉丝的需求要点。这是粉丝需求要点分析的第二个环节，也是“去粗取精”的一个环节。在这个环节中，运营者需要筛除那些并不重要的粉丝需求，而提炼出目标粉丝群体共性的需求要点。

(3)构建粉丝画像

在提炼出目标粉丝群体共性的需求要点之后，运营者需要根据这些要点内容来绘制粉丝画像。粉丝画像是运营者开展视频号运营的战略指导，它能够清楚明白地展示出目标粉丝群体的特征和需求，了解了这些内容后，运营者才能够更好地开展内容运营工作。

五、提高粉丝忠诚度

粉丝需求分析只是运营的起点，不仅对于“吸粉引流”具有重要作用，而且在粉丝留存方面，作用也是十分明显的。

通过“吸粉引流”等方式获得的粉丝，忠诚度并不高，如果运营者不能持续输出优质内容，新增加的粉丝可能会逐渐流失。

大多数运营者都会产生这样的烦恼：为什么新增加的粉丝越来越少？为什么内容营销后粉丝增长依然乏力？

这些问题都是短视频运营中较为常见的，产生这些问题大多是因为运营者的内容运营并没有切中粉丝的实际需求。运营者需要时刻考虑如何满足粉丝的需求，让他们持续关注自己的内容，并保持一定的活跃度。

大多数运营者都很清楚内容的重要性，他们也乐于在内容创作方面多下功夫，如果这些内容对粉丝的影响微乎其微，这就说明并不是运营者的内容出了问题，而是运营者选择的方向出了问题，可能在这个方向上，并不存在粉丝需求。

这样一来，提高粉丝忠诚度的任务就又回到了抓住粉丝需求上面。这并不难理解，如果运营者能够始终牢牢抓住粉丝的需求，粉丝们自然也会对运营者保持持续关注。

粉丝从关注运营者账号开始，会经历一个情感的变化过程。不同粉丝的情感变化曲线会各不相同，但从大体上来看，粉丝的情感会经历一个从认同到归属的过程，在这个过程中，粉丝的忠诚度也会随之升高。

1. 粉丝关注前期——产生认同感

粉丝关注了运营者的账号，就说明其对运营者所传播的内容产生了一种认同感，或者说双方在情感上取得了共鸣。这是粉丝关注的前期，这一阶段粉丝的忠诚度还比较低，只是对运营者的个别内容感兴趣，由此产生了关注行为。

一般来说，能够抓住目标用户需求的运营者都可以通过内容运营来获得粉丝。在最初阶段，运营者获得的正是这种对账号内容具有认同感，但对账号内容的忠诚度比较低的粉丝。这一阶段只是“吸粉引流”的基础阶段，运营者还需做好后续工作，来提高这些粉丝的忠诚度。

2. 粉丝关注中期——产生满足感

在粉丝关注前期，粉丝的情感会根据运营者后续内容的输出而发生改变。如果运营者所创作的内容无法继续被粉丝认同，那么这些粉丝的情感就会消退，进而取消对运营者账号的关注。如果运营者后续创作的内容让粉丝的认同感得到增强，那么这些粉丝的情感就会继续发展,他们的认同感也会逐渐转变成为满足感。

当运营者能够用内容让粉丝感受到满足后,粉丝留存的工作就基本完成了。在这一阶段,粉丝的忠诚度较关注前期有了较大的提升,粉丝开始期待运营者创作的内容了。这些内容不仅符合他们的预期,更切中了他们的真实需求。

从让粉丝认同到让粉丝满足,想要完成这个转变,提升内容质量是关键。想要做到这一点,运营者需要运用粉丝需求要点分析的结果,借助粉丝画像中的用户需求特征,来创作内容。通过这种方式创作出来的内容更有针对性,传播的效果也更好。

3.粉丝关注后期——产生归属感

不少运营者在做粉丝运营时,往往做到粉丝关注中期就停下了脚步,他们认为内容能够让粉丝产生满足感,粉丝就会长久地留下来。这种观点并不能算是错误,只不过在当前视频号平台上,同质化竞争已经让这种观念变得不那么稳妥了。

视频号平台上的很多人都在生产内容,专门从事内容营销的运营者更是不在少数,内容的同质化将会在视频号平台上愈演愈烈。这时候,如果运营者依然抱着用内容让粉丝产生满足的心理去做运营,就很容易被同领域的竞争对手"挖墙脚",从而出现粉丝流失的现象。

面对这种情况,一些运营者开始继续根据粉丝的需求去做运营,希望能够继续升华粉丝对运营者账号的情感。在这种运营尝试下,不少运营者依靠优质内容和情感营销,让粉丝的情感再次升华,粉丝对账号的满足感开始转变为归属感。在这个阶段,粉丝的忠诚度极大提高,成为运营者账号的忠实粉丝。

当粉丝的情感从满足感升华到归属感时,粉丝不仅会持续"追更"运营者创作的内容,还会自觉转发分享这些内容。这种粉丝传播的方式可以帮助运营者进一步进行精准引流，对运营者打造 IP 矩阵也很有帮助。

在提高粉丝忠诚度时，运营者应该根据粉丝需求来及时调整自己所发布的内容。在这一方面，不同细分领域的视频号运营者在面对不同的粉丝需求时，所要进行的调整是多种多样的，没有一个固定的方法论可以“一言以蔽之”，需要具体问题，具体分析。

第四节 推广运营，让你的视频号更有价值

在视频号平台上，运营者要具备短视频创作能力。作为一种核心能力，短视频创作能力在很大程度上也决定着运营者圈层营销的最终成果。除了这一能力外，运营者还需要考虑成本投入和效果回报等问题，如果营销投入成本过高，效果又不太好，就要重新评估选定的运营方式是否妥当。

一、思维决定方向

1. 粉丝思维

粉丝思维不同于用户思维，一些互联网企业往往将粉丝营销和用户运营放在一起来做，最终的结果可能都不理想。

对于一家企业来说，从销售产品或服务方面来讲，粉丝和用户的区别其实并不大，他们都是目标受众。但如果从具体短视频运营来说，用粉丝思维去做用户运营可以，但靠用户思维去做粉丝运营可能就不那么妥当了。

用户思维和粉丝思维的最明显区别在于，用户更为理性，更多时候他们可以自行思考。粉丝则不同，粉丝更倾向于依靠感情去行动，也更愿意群体行动。简单来说，用户思维更多体现的是服务，而粉丝思维更多体现的是吸引。相对于用户，粉丝更愿意为关注的人买单。

对于运营者来说，拥有了粉丝，也就拥有了品牌的消费者和捍卫者。粉丝必然是认同运营者品牌和产品的，他们愿意为运营者的品牌和产品"大声呼喊"、免费宣传，大多数用户是做不到这一点的。如果非要将用户和粉丝相结合，那粉丝一定是最热情、最忠诚、最专业的用户。

运营者在做运营时，一定要有粉丝思维，一定要着力培养自己的粉丝群体。在视频号平台上，衡量运营者价值高低的一个重要标准就是粉丝的数量。

依靠粉丝思维，在视频号平台上，运营者创作的内容更容易形成病毒式传播效应。用户在接触到产品后，可能不会自发为产品宣传；粉丝不同，粉丝会成为产品的免费宣传员。

在视频号平台上做运营，粉丝思维是不可或缺的重要思维。更进一步说，在当前粉丝经济时代，所有运营者都需要具备粉丝思维，用各种方法去累积粉丝。

2. 痛点思维

所谓痛点，就是人们在日常生活中遇到的各种无法解决的问题，这些问题常常让人陷入痛苦和烦恼之中。由于当事人无法解决这些问题，所以会长时间受其困扰。这个时候，当事人便会寻找其他方法去解决问题。

可以说，在日常生活中，痛点无处不在，每个人都会有痛点，无论是成功的人，还是历经失败的人，都不例外。对于运营者来说，这种痛点往往是开展运营的关键要点，只要能够抓住用户的痛点，并为其解决问题，缓解或是转化问题，就可以获得用户的关注与支持。

痛点思维就是一种寻找并解决用户痛点的思维方式。举个例子，戴森发现市面上吹风机的使用缺陷后，又调查了大量女性使用吹风机吹头发时候的困扰：吹风机温度过高、头发损伤、总被卷进吹风筒、吹风时间太长、手拿着太酸。戴森为做出一款解决这些痛点的吹风机，购买了大量的真头发进行试验，经历了 18600 次拆机组装测试，103 名高级工程师，从发质、声学、动力学、气流学、手握度、黏合性等进行了专业的研发，经过 4 年的不断测试打磨，Supersonic 吹风机终于上市。这款吹风机解决了用户的痛点，且完全颠覆之前吹风机的外在形象，因为超高的颜值和方便实用，一下就得到年轻群体的追捧。

对于运营者来说，人们的每一个痛点都是一次机会。针对人们在生活中的痛点，运营者可以提出适当的解决方案，这种方案被认可后，运营者就会得到相应的支持。这也正是痛点思维的价值所在。

在商业活动中，抓住用户需求痛点，从而获得大量用户支持的例子比比皆是。健身 AppKeep，瞄准的是商圈场景，整个线下店的核心是健身小团课，通过解决线下传统健身房的痛点和用户的信任危机，让对健身进阶有需求的用户通过 Keepland 完成进一步的提高，Keepland 就是这群对健身有需求的人彼此连接的空间。

这种痛点思维，在短视频平台上，也是非常显见的。大多数运营者都在进行内容创作，这种时候，抓住用户的需求痛点就显得十分重要了。如果运营者能够找到视频号平台上用户"求而不得"的东西，就很容易获得用户的关注，进而转化大量粉丝。

视频号是一个平台、一个载体，也是一个产品，其向运营者和粉丝提供的是双向服务。之所以能够受到运营者和粉丝的喜爱，很大程度上也是因为其解决了粉丝和运营者的痛点问题。

优质的内容运营者的痛点在于缺少直接与大量粉丝接触的机会，

而粉丝的痛点则在于日常生活中缺少获取优质内容资源的途径。短视频的出现，不仅为运营者提供了展示优质内容的平台，也为粉丝们提供了获取优质内容资源的途径。解决了双方的需求痛点，自然会得到双方的认可。这也是短视频受到追捧的原因。

在运用痛点思维来做运营时，运营者要做的是抓住用户的痛点，而不是为用户制造痛点、制造焦虑。此前，一些新媒体从业者在内容创作方面，依靠制造痛点、制造焦虑来获得用户的认可和共鸣，虽然从吸粉效果来看还不错，却并不是一种正确的做法。

3. 爆点思维

想要了解爆点思维，首先要知道什么是爆点。爆点这个词，听上去与爆款相近，二者之间也确实存在着密切的联系。从商品销售层面上来讲，爆款是指商品在销售过程中供不应求，销量很高。而在这一层面上，爆点则是指使这件商品销量暴涨的一个原因。

所谓爆点，就是指产品或内容值得用户关注，能被用户广泛传播的话题点。从产品角度来讲，就是这件产品口碑的落脚点。爆点营销往往就是通过引爆话题点，来让内容或产品在较短时间内获得大量用户关注，类似于烟花爆炸的效果。

爆点思维就是在视频内容创作过程中，善于去挖掘能够被广泛传播的话题点和内容，引起用户的关注。最为常见的爆点思维就是根据时事热点进行内容创作——在视频号平台上，一些运营者并没有集中在某一特定领域，而是专门根据时事热点来创作内容，获得了不少粉丝的关注。

想要运营好自己的视频号账号，爆点思维是必不可少的。运营者不仅要学会抓热点，更需要将热点内容与自己的内容巧妙结合起来，这样才能在“润物细无声”之中，创造出爆炸效应，为自己的账号吸引到更多的粉丝。

二、营销法则

1. 圈层营销是基础逻辑

在营销活动中,圈层营销是一种重要而基础的营销逻辑。在大多数营销活动中,圈层营销往往是最先开展的。

在视频号平台上做圈层营销,与在其他新媒体平台上做圈层营销相似,战略上是大同小异的,其主要差别体现在具体的营销方式上。

首先,在做圈层营销之前,运营者要先对圈层进行定位。具体来说,运营者需要先评估自己能够进入的圈子,总结这些圈子及其中成员的特征,从而了解不同的圈层成员能够为自己带来的价值有多少——这样做是为了筛选出真正有价值的圈子。在视频号平台中,不同的圈层投入同样的成本,为运营者带来的价值是不相同的。

其次,在评估完圈层之后,运营者还需要对自己的能力进行评估。找到了优质的圈子,也明白了这些圈子中的成员能够为自己提供较高的价值,如果自己不具备吸引这些圈层成员的能力,贸然展开营销活动,只会白白浪费成本。运营者在进行圈层营销前,需要全面评估自己的核心能力。

最后,圈层营销战略的制定是圈层营销成败与否的关键。圈层营销战略需要根据圈层及其成员的特征去制定。一些运营者认为圈层营销的效果主要表现在传播上,其核心在于人际关系。实际上,在大多数新媒体平台上,圈层营销战略的核心更多的在于运营者所树立的“个人品牌”。

圈层营销做得好的运营者,能让自己的粉丝圈子越来越大。而圈层营销做得不好的运营者,则会让自己的粉丝圈子越来越小。

2. 情感运营是关键所在

伴随着视频号平台用户规模的不断扩大,在激烈的竞争中吸引粉丝的注意力越来越不容易。

在互联网时代，层出不穷的新鲜事物瓜分着用户的注意，各行各业的运营者都需要想尽办法去吸引粉丝的关注。但从具体效果来看，真正能够牢牢抓住粉丝注意力的运营者越来越少。

在众多营销策略中，情感运营成了获取粉丝关注的一出奇招。相比于平静寡淡的说教，着力调动粉丝情感，晓之以理，动之以情地打动粉丝，更能够帮助运营者获得成功。

情感运营是一种“走心”的营销方式，这种情感并不是表面上的寒暄关怀，而是从粉丝的情感需要出发，来唤起粉丝的情感需求，使粉丝和运营者之间产生情感上的共鸣。将情感融入营销运营可以让运营者与粉丝的关系更加温暖、更加融洽。

在视频号上做情感营销，与在微信公众号上做情感营销，在具体形式上有所区别。视频号以短视频为主，更多需要通过短视频的形式去传递情感，微信公众号可以通过大篇幅的文章讲述一个情感故事，短视频很难做到。但从另一方面来讲，短视频本身就可以是一个完整的故事，其在表情达意方面的效果要远超过文字表达。

情感短剧是情感营销的最主要形式，情感短剧大多会采用温情路线，将品牌内容与短剧主题相结合，在表达出品牌内涵的同时，为粉丝呈现完整的故事。

每到春节临近，像百事可乐、可口可乐等品牌，都会通过情感营销来引发用户的情感共鸣，其中最为主要的形式就是情感短剧。最初的情感短剧大多在门户网站上播放，随着各种新媒体平台的出现，这些品牌开始在各类新媒体平台上推出自己的情感短剧。视频号作为一个以短视频为主的新媒体平台，自然会成为大多数企业品牌的选择之一。

企业品牌大多会优先选择通过情感营销来做运营。他们想要与粉丝在情感上建立稳固的连接，只有这样，才能保证粉丝的忠诚度，才能进一步让粉丝将这种线上的忠诚度转化成线下的购买力。在众多营销方式中，能够更好地做到这一点的，大概也只有情感营销了。

除了企业品牌，平台上的一些个人运营者也在尝试使用情感营销。一些细分的垂直领域运营者都会选择以情感运营来吸引并留住粉丝。很多时候，这种情感运营贯穿于运营者营销过程的始终。

一些萌宠类、萌娃类运营者，正是站在粉丝的角度，解决粉丝的情感需求，向粉丝展示萌宠、萌娃的趣味百态。这种日常运作正是基于对粉丝情感需求的把握。一些萌娃类运营者还会在运营过程中穿插实用性的育儿方法，从而加深与同类型粉丝在情感上的连接。

能否做好情感营销的关键在于，运营者能否在情感上满足大多数粉丝，尤其是那些精准的目标粉丝。运营者通过情感营销不断提高粉丝的满意度和忠诚度，可以防止粉丝的流失，更为重要的是，能够最大限度地释放粉丝的价值。

3. 参与感是激活粉丝的重点

对于新媒体平台运营来说，吸引粉丝、积累粉丝是一方面的问题，留住粉丝、激活粉丝则是另一方面的问题。圈层营销和情感营销的目的在于吸引并留住粉丝，而在激活粉丝这一方面，打造粉丝的参与感是最为重要的一种营销手段。

在提升粉丝参与感的过程中，要从粉丝的角度出发去制订计划，要多去考虑粉丝的实际体验。

三、推广营运必备的四大心法

1. 打持久战

罗马不是一天建起来的，巨量粉丝也不是一天增加的。推广、运营视频号，一定要有打持久战的准备。没有一个人是随便发几条视频，或者更新十天八天就有百万粉丝的。粉丝一定是日积月累、积少成多的，粉丝从 0 到 1000 是最艰难的，这是每个运营者必须要有的认识。

2. 警惕“幸存者偏差”

“别人家的视频号的爆款都有 10 万 + 观看了，我的还没有，好焦虑啦！”经常有人这样诉苦。这是典型的“幸存者偏差”。

所谓“幸存者偏差”，就是运营者只看到经过某种筛选而产生的结果，而忽略了被筛选掉的大多数，即“沉默的数据”“死人不说话”。确实，有的人的视频号出了爆款有 10 万 + 的观看，于是他发布视频或者朋友圈各种晒，然后运营者就觉得全世界都爆款 10 万 + 了，就焦虑、睡不着觉。这其实是没有必要的。

3. 戒虚荣，求真粉

推广、运营过程中，运营者可能会发现很多人的视频，或因为搬运、抄袭，或因为低俗，甚至打擦边球，而获得不少的点赞数和播放量，于是自己也按捺不住去效仿，从而偏离自己的垂直领域。有时候运营者的跟风，可能会让自己视频的数据变得“好看”，甚至会吸引一些粉丝关注，但这些粉丝未必是运营者垂直领域的精准受众。这样的结果是，运营者的账号慢慢变得四不像，最后连运营者都不知道自己到底是做什么的了。这样的账号，即使粉丝数上去了，但都是一些没有含金量的假粉丝。他们对账号是没有黏性和忠诚度的，更谈不上信任度。运营者要实现商业价值，要推广产品、服务，是很难卖出去的。

一句话，做视频号有必须耐得住寂寞和不忘初心。

4. 不断复盘和优化视频

推广、运营过程中，必须不停地反思、复盘和优化视频。做视频号一定要有一种开放的心态，而不是低头就认准自己的做法是世界第一。出了爆款要思考这条视频为什么会成爆款，而数据始终一般的情况下，要问问自己，问题究竟出在哪里，同时，对比同行优质账号和爆款作品，自查自纠。每天反思、复盘和优化，让自己改变和进步。

做视频号，进步才是唯一的正途。

第五节 企业运营视频号

随着视频号的受众越来越多，流量越来越大，一些企业也要与视频号平台接洽，双方共谋合作。因此，视频号上企业营销形式也充满了创意与趣味，在商业合作方面会逐渐走向成熟。

一、企业不要错过视频号营销

处在网络发展极为快速的时代，企业都在不断成长，不断创新，这是跟上时代步伐的要求。想要抓住消费者，企业就要提高产品的新鲜度，让产品对消费者保持持续的吸引力。

作为新兴的视频流量平台，视频号为广大企业提供了推广和营销的新渠道，在这片"风水宝地"中，企业必须牢牢抓住机遇拓展产品，只有这样，才能不被时代所淘汰。

除了一些带货流量 IP 外，企业也使用了其他商业变现的形式。随着时间的推移，企业营销的方式也会越来越多样。比如，企业可以将广告置入视频号短视频中，实现无痕营销传播化。

有的人不禁要问，既然短视频的优点如此之多，那企业究竟该如何利用平台，为自己的产品营销和推广呢？

下面我们来具体解读一下。

1. 利用受众打开视频号时所见的开屏广告

对于企业来说，开屏广告是个很不错的选择，受众在打开视频号时，都会“被迫”观看一小段广告，这段开屏广告，可为商家提供大约10% 的点击率。

2. 利用超级 IP 或当红明星的粉丝效应

一些经常刷视频号的朋友应该知道，一些大 IP 经常接到广告，不管是美妆的还是护肤的，用 IP 本身的吸引力给产品做推广，是一种很不错的营销手段。这些大 IP 自己也会主动寻找商家洽谈合作，在接到广告后，他们就会利用自己的赛道优势，或一边讲段子一边推广产品，或一边直播美妆一边进行广告产品的测评。

很多知名度不高的品牌，都是通过短视频的美妆、护肤 IP 进行测评推荐后，才被大众熟悉的。我们在刷视频号时，经常看到网红推荐一些冷门、小众的产品。一些网红 IP 能将产品的知名度、销量提高，这也是小众商家频频与网红 IP 接洽的理由。

3. 创建一个视频号平台的企业官 V

企业可以在视频号平台上注册官 V，并且以官方认证的身份，很接地气地呈现在大众面前。企业可以直接在平台上与受众进行交流、沟通，也可以推出一些趣味性、实用性的短视频，或者时不时地发布一些福利等，将产品的路人受众变成自己的粉丝。

4. 利用视频号平台上的热门话题，紧跟流量

在视频号平台上，想让短视频的播放量超过 10 万其实并不困难，因为每隔一段时间，平台上就会出现一个热门视频或者热点话题。如果能将这些热点跟企业要推广的产品结合起来，就能通过“蹭热点”的方法，在晒出产品的同时引发受众关注，这种引流也会促进产品销量的增长。

二、企业视频号注意事项

前面已经讲过，企业要创建一个视频号平台的企业官V。实践中，创建一个视频号平台的企业官V很容易，但是要驶入视频号的快车道，就有点难度。我们的建议有以下几点。

企业要驶入视频号的快车道，最重要的就是，企业领导人要看上、看重、看准视频号。所以，最佳的办法，也是首要的办法，是企业领导人先要躬身入局玩起视频号。目前，视频号上，已经有不少企业家开设账号、发布视频了。企业领导未必能获取多少粉丝，但它起到的示范、带头作用引发的效益不可低估。

第二个办法是，鼓励员工开设视频号，形成矩阵。这些员工就是一个独立的个体，只不过他们在视频号平台做的都是同一件事：宣传企业与产品。员工的账号的名称可以统一加上品牌或者机构名称，也可以不加。

举个例子：深圳有一家连锁的牙医诊所，所有的医生、护士都开设视频号，各自发布各自的视频，有牙齿健康知识传播，有真实诊疗记录，有类似“一个牙医的24小时”的工作、生活日常。这些视频并不刻意露出品牌的LOGO等标识，非常真实、真诚，吸引了很多同城的、关心牙齿健康的粉丝，甚至找到了有需求的“准客户”和“客户”。这些都是精准粉丝。开通视频号一个月，一个医生的平均粉丝1000人，10个医护则是10000个“准客户”和“客户”，这给企业带来的业务量，不可低估。

这里有个小提醒：员工视频号的产权归属、利益分配等问题，企业需要与员工有一个明确的协议,理顺关系,以便解除企业和员工双方的后顾之忧。

另外还有一个小建议:运营视频号,建议尽量亲力亲为,“自己动手,丰衣足食”。很多企业的习惯性做法是外包:让他人帮自己创作、制作、发布、维护视频号。这种做法,可以理解,但效果往往不好。

第八章

转化获利：一切将水到渠成

商业世界瞬息万变，最初的不可能经过发展变化后，也会变成可能。不同的时代会出现不同的事物，这些事物本身蕴含着巨大的机会与挑战。毫无疑问，在短视频时代，短视频平台中就蕴藏着巨大的“宝藏”。

第一节 转化获利准备

做新媒体运营，最初都是以大力获取用户流量为主，当用户积累到一定规模之后，就需要考虑如何依靠这些流量来赚钱了。用商业的语言来表述，这个环节被称为粉丝流量的价值转化。视频号的运营也是如此。

一、视频号转化获利前，必须明白的常识

当运营者的视频号通过稳定地发布优质的视频，得到了大量的点赞以及一定数量的粉丝关注，这个时候，转化获利就提上了日程。

但并不是所有有粉丝的人，都可以转化获利，或者转化获利很多。为什么？因为运营者可能忽略了一个常识。

拿什么转化获利？

转化获利的本质是交易。粉丝付费，运营者提供商品。这个商品，可能是某个产品（比如一个土特产）、某个服务（比如一个课程、一个培训）。总之，一手交钱，一手交“货”。

所以，运营者必须要有“货”——有具体的产品或者服务。在做视频号的第一天，就应该想好，未来，自己能有什么产品或者能有什么服务——这很重要。否则，仅靠甲方投放广告，第一不稳定，第二只能短暂获利。

二、转化前，需要先开通这三样

1. 微信公众号

微信公众号方便运营者放在视频下面，引导粉丝添加运营者的私人微信，把公域流量转化为私域流量，以及把微信公众号的粉丝导流到视频号上。

同时，公众号文章里可以直接连接卖货的小程序，一键下单。

2. 微信小商店

运营者可以进入网址 https://shop.weixin.qq.com，开通微信小商店。注意，是“微信小商店”，而不是“微店”。微信小商店可以直接出现视频号主页上，粉丝可以从视频号主页进入微信小商店，一键购买商品、服务。

微信小商店登录页面

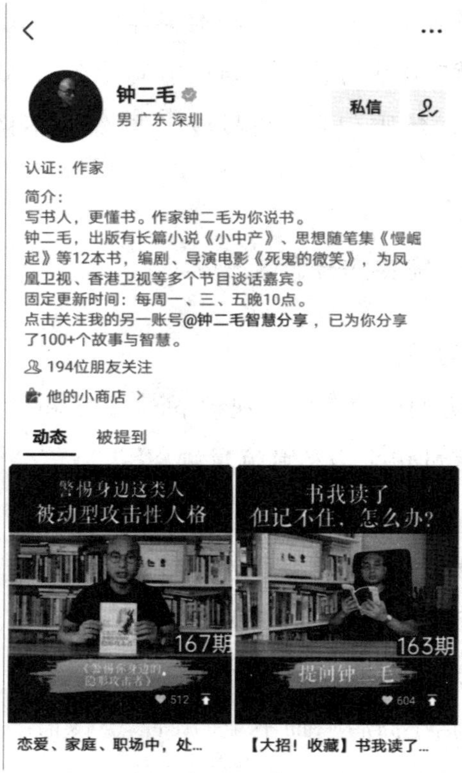

微信小商店直接挂在主页上

3. 直播账号

除了视频号自带的直播功能，也可以在其他平台开通相应的直播账号，方便粉丝从不同渠道进入运营者的直播间，更近距离地交流和互动。

未来，随着技术不断更新，一定还有更多的工具，可以帮助视频号更方便、通畅地转化获利。运营者可以随时关注视频号的最新动态。

三、根据粉丝特征，构思转化方式

价值转化是新媒体运营的最终归宿，也是大多数视频号运营者的终极追求。当粉丝积累到一定数量，选择转化方式时，运营者应该谨慎，要根据自己粉丝的特征，去构思转化方式。

不同的运营者所累积的粉丝大体上是不同的，这种不同更多的表现在群体特征上。简单来说，在视频号平台上，萌娃类视频运营者的粉丝与动漫类视频运营者的粉丝从特征上有很大的不同，萌娃类运营者的粉丝以父母辈或刚做父母的年轻人为主，而动漫类视频运营者的粉丝则大多是青少年群体。

区分粉丝特征的首要环节就是定位粉丝群体，在定位完粉丝群体之后，再去从粉丝行为、粉丝心理等方面进行分析，这样就能全面了解粉丝群体的特征。在确定了特征后，再去构思转化方式，才能在确保粉丝留存的同时，实现价值转化。

以动漫类视频粉丝为例，这类粉丝在数量上，男性要稍高于女性，年龄大多在 25 周岁以下，“90 后”“00 后”占据较大比重；从用户群体特征来看，这类粉丝大多年轻，在心理上更多依靠感性思维去做事，更愿意花钱去做自己喜欢做的事情，消费能力较高。

运营者在构思转化方式时，需要充分考虑这些方面的内容。相比于植入广告，通过电商售卖商品的方式，更容易吸引这种类型的粉丝。比如，动漫同款周边、动漫衍生品等，都能很好地吸引粉丝去消费。

其他类型的短视频运营者，也可以根据自己粉丝的具体特征，去选择相应的转化方式。比如，创作教育类视频的运营者，可以选择植入教育培训广告，来实现价值转化；内容类视频的运营者，可以选择打赏方式，实现价值转化。

在视频号平台上，价值转化的方式有很多，但想要真正实现转化，而不影响粉丝的体验，则需要运营者谨慎选择转化方式。顺应粉丝特征，选择对粉丝体验影响更小的价值转化方式，才是长久的价值转化之道。

第二节 抓住商业红利

视频号能够给人带来快乐，也能为人带来财富。获得快乐的是粉丝，得到财富的是运营者。作为当前最为火热的新媒体平台之一，视频号将引爆线上社交玩法。在新媒体运营者的手中，这种社交玩法也产生了巨大的社会价值和财富。

一、视频号转化的七个段位

视频号转化能力，与运营者的粉丝数量、粉丝类别、活跃度有关，也跟创作能力有关。根据粉丝情况我们把视频号转化方法分为如下七个段位。

1. 青铜级：视频下方链接商家指定的公众号文章

即发布视频时，在视频下方链接商家指定的公众号文章。这个模式等同于微博直发客户图文、微信公众号发布客户通稿，收费价目视粉丝数、传播力而定。

2. 白银级：为商家量身定制创作视频

白银级玩家需要有一定的创作能力，能结合热点事件、客户需求创作有观点、有情节、有趣、好玩的视频，视频中可植入商家的品牌LOGO、门店门头、产品，给商家带来品牌曝光或流量。比如，某个视频号曾在两个视频内容里把××时代和××生活的两款产品，作为粉丝互动的奖品出镜，其实就是给这两个商家做的广告。

3. 黄金级：出镜体验、创作视频

先体验式消费、试用，然后出镜拍摄、创作、发布视频，为线下各种实体门店带货、导流，门店按单次付给视频号作者费用。这套模式已在"小红书"App 上非常成熟，很多活跃的专职博主，排期满满。

具体实践中，某个视频号就给××时代的姊妹品牌××生活，找了一些漂亮的小姐姐去他们开在深圳卓悦中心的门店探店。品牌方反馈效果不错，毫无疑问，这些有颜值、有身材、会表达的流量博主肯定会涌入视频号这个新战场。

4. 铂金级：收费测评

铂金级视频号运营者或作者要是某个领域的达人、KOL，且要有公众号，才能实现高阶转化方式——收费测评。

这种测评的商品可以是书籍、电子产品，也可以是美容护肤品，不一而足。仅电子产品中的手机，商家就多得惊人；而美容护肤产品的品牌就更多如牛毛了，从国际大牌到国产品牌，从线上商城到线下实体店，总有一个为运营者买单。

当然，前提是运营者能在短短的一分钟内，把产品的优势说明白，并结合用户体验感，然后能洋洋洒洒地写一个图文并茂 + 视频的公众号文章（附在视频号视频下方）。比如，"钟二毛"的账号就有一个固定内容——荐书，每条视频下方都会添加一个公众号文章链接，粉丝可直接在这个文章内下单，钟二毛可获得一定比例的提成。

5. 钻石级：策划事件营销

钻石级玩家要有资源整合能力，并深谙新媒体传播之道。

钻石级的转化方式是为商家或品牌策划事件营销或进行话题营销，让众多视频号参与其中，并引起全网热议、传统媒体跟进报道。

操盘此类项目，玩家可向商家或品牌方收取数十万到百万以上不等的策划、执行费用。视频号现在支持@用户和加#符号创建话题，这是视频号运营者玩事件营销和话题营销的利器。

6. 星耀级：课程培训

星耀级视频号运营者最典型的转化方式就是知识付费：做培训、卖课程。即运营者通过视频号建立起个人IP和各种社群，成为某个领域的专家，在线上或者线下开设课程，收取学费。

这类转化，需要事先制定好课程，课程必须扎实、有料。

7. 品牌级：个人品牌价值提升

品牌级不一定直接带来金钱的转化，但是能给个人IP带来一种无形资产的增量。当然，这种无形资产迟早会变成有形资产，只不过转化的场景不是在视频号上而已。

二、线上线下引流

对于大多数拥有实体店的运营者来说，如何用更少的成本为实体店招徕更多的客流，是必须要考虑的问题。

在微信公众号流量红利爆发期间，很多实体经营者都开通了公众号，在其中宣传自己的实体店铺，也有不少实体经营者会选择在新媒体平台上为自己的店铺打广告。但从最终结果来看，自己做公众号工作量太大，在别人平台上打广告花钱又太多，这种左右为难的情况让实体经营者备受煎熬。

相比于微信公众号，当前，视频号在流量增长方面，有着很大的优势。许多企业品牌都选择入驻视频号平台，一些品牌企业还通过出色的线上营销，为线下的品牌店带去了庞大的客流。

大多数企业都认可视频号强大的带客能力，在视频号开放之初就选择入驻。

企业经营视频号可以将视频内容更好地推荐给更多的目标用户，可以更好地实现精准引流。通过这两种功能的结合，大大提升了粉丝前往线下门店的概率。

为了配合营销，线下店铺也可以进行调整，增加诸多短视频推荐元素。同时，还可以为到店消费的顾客提供优惠活动与体验游戏。通过这种互动，不仅能提升用户对店铺的好感，同时还能积累再次传播的视频素材。整个视频号营销形成了一种从线上到线下，再返回到线上的完美闭环。

通过视频号平台向线下实体店引流，如果营销策略使用得当，很容易形成爆款效应。这种爆款效应不仅能为企业带来大量客流，还能提高企业的品牌价值和品牌形象。

对于有一定条件的运营者，可以尝试通过多种方式去为线下实体店导流。

三、广告转化获利

1. 植入广告

在视频号平台上，当粉丝达到一定数量时，就可以利用流量来转化。一般来说，最为常见的转化方式是植入广告，这也是最简单的一种转化方式。如果运营者的粉丝数量足够多、活跃度足够高，广告主大多会自己找上门来。

对于大多数运营者来说，在植入广告时，需要谨慎再谨慎。如果广告内容与视频定位和内容相冲突，或是无法很好地融合在一起，很容易影响视频内容的质量,进而会引起粉丝的反感,不仅不能转化,反而会导致粉丝逐渐流失。

2. 接第三方广告,为品牌定制内容

相比于广告内容的植入,为品牌做定制内容,更能最大化实现粉丝的价值转化。当然,这种具备深度广告内容的合作,往往只能是拥有一定级粉丝量的视频号可以做。

在视频号平台上做品牌内容定制,很大程度上源于品牌广告主的焦虑。在互联网兴起之初,贴片广告是品牌商们在互联网上的主要广告投放形式。

伴随着移动互联网时代的到来,受众的注意力开始从 PC 端转向了移动端,当有别于网络长视频的短视频成为受众喜爱的主流产品时,品牌广告主发现比短视频还要长的广告已经不再符合当前的潮流。

无论是贴片广告,还是广告植入,在短视频中的效果都不怎么好。植入的广告一闪而过,对于品牌形象的塑造意义并不大。为此,品牌广告主们决定与短视频制作者或运营者展开深度合作,用完整的短视频内容去呈现品牌。品牌广告主观念的改变,为许多短视频大 V 带来了价值转化的一大机遇。

3. 企业号投入广告,扩大知名度

企业号是视频号专门针对企业所开发的一种功能,企业可以在视频号平台上开通自己的"官方账号"。通过认证审核的企业,可以获得视频号官方给予账号的认证标识,同时还能够获得视频号提供的多项个性化服务。

对于品牌企业来说,想要通过视频号平台进行营销宣传,开通企业号是非常有必要的。获得了视频号官方认证的标识,不仅能够为企业品牌形象背书,更是一种对品牌形象的直接宣传。

品牌企业除了能够通过设置更为精确的定向条件,将广告推送给

目标用户，还可以从后台获得多个维度的广告推广数据。

选择企业号进行广告推广的品牌企业，还能够利用大数据，生成各种主题人群，从而更好地寻找品牌的受众群体，这在很大程度上节约了品牌企业定位受众群体的时间，也节约了搜索成本。

除了上述功能特色，企业号广告最大的优势在于能够针对不同的品牌，帮助他们建立特定的广告投放模型。品牌企业在投放企业号广告时，系统会根据用户的关注数据，来搭建广告模型，也会随着用户数据的变化来调整模型。随着粉丝关注数据的累积，特定企业号的种子用户数据也就逐渐完成了积累。

当完成种子用户数据积累后，系统还会继续分析这些种子用户的群体特征，并总结出相应的标签。此后，系统在推送企业号广告时，会有针对性地向拥有类似标签的人精准推送。另外，系统还会根据反馈来的关注数据，不断修正现有模型。

相比于企业自己去寻找目标用户，通过大数据技术来寻找企业号广告的目标受众，显然更具有优势。大数据技术与市场营销相结合也是当前市场推广的主流形式。

当然，在视频号平台上进行企业广告投放，还需要遵守相关规则。

四、社交电商、带货

随着移动互联网的发展，网上购物越来越便捷。对于消费者来说，便捷是一种最为直观的感受，但对于电商平台运营者来说，为了这种便捷，很多人都在残酷的市场中拼命挣扎。电子商务市场越来越饱和，流量获取成本越来越高，利润空间被挤压殆尽。

如今，上面描述的现象比比皆是，未来可能会更加惨烈，每一次大浪淘沙式的“行业洗牌”都会淘汰众多运营者。

移动互联网兴起之后，新媒体平台的火热让电商运营者看到了新的希望。电商运营者最初只是在新媒体平台上植入广告，小平台广告费用少，传播效果一般；大平台广告费用高，传播效果要好一些；在那些顶级流量平台上，传播效果极佳，广告费用也是高到吓人。电商运营者开始转变自己的策略，开始在新媒体平台上自营内容。

究竟是电商运营者先转变成新媒体运营者，还是新媒体运营者利用平台发展电商业务，我们无从得知，当然，先后顺序也不是我们分析的重点，我们分析的重点在于新媒体运营与电子商务相碰撞所产生的火花。

在视频号平台上，在很多运营者的简介中，都可以看到自营微信小商店的内容。还有一些运营者所发布的视频内容，就是推广自营产品的。

凭借着高用户活跃量和推荐机制作用下的病毒式传播，短视频为电商创造了生根发芽的温床，为电商营销带来了新的形式。

虽然当前在平台上开店相应的运营体系不如淘宝成熟，但它确实为许多运营者提供了一种价值转化的渠道。伴随着视频号的发展，越来越完善的电商管理体系将建立起来。也许，不久的将来，在视频号上经营店铺会变得更加容易。

在短视频的转化方式中，将自身内容与电商相结合，是一种高效的转化方式。运营者可以选择自己开店，然后通过视频号来为店铺引流；也可以选择与第三方店铺合作，通过为第三方店铺引流，来获取相应的收益。

一般来说，拥有一定粉丝基础，同时处于垂直细分领域的运营者，更适合自己经营一家店铺。

第三节 转化获利的无限可能

慢慢积攒一定人气的视频号，会逐渐从内容创作进入商业转化获利阶段。除了广告投放，电商导流成为短视频重要的流量转化获利手段。由于平台自身内容分发机制、内容调性、用户关系等因素的不同，不同的短视频平台布局了截然不同的电商转化获利路径。未来视频号会采取哪些转化获利方式，还不确定，但趋势已现。

一、视频号未来转化获利的两种可能

1. 视频标注原创，打赏转化获利

这是对原创视频号主的一种保护和鼓励，当然，对于那些搬运他人作品、抄袭他人作品的账号来说，这也是一个有效的堵截和遏制。视频可以标注原创，就意味着跟微信公众号的文章一样，用户可以直接打赏视频，打赏运营者。

2. 直播间打赏

视频号已经开通直播功能。目前，粉丝还不能直接用虚拟货币

或者现金红包打赏直播号主，但这个功能迟早会开放。这一点与大多数直播平台的转化方式很相似，都是通过粉丝打赏的方式实现价值转化。

主播获得打赏的多少，与其活跃的粉丝数量有很强的关联性，活跃粉丝越多，直播获得的打赏也就越多。

二、未来腾讯利用视频号转化的五大预测

1. 视频号付费推广

2020 年 8 月 26 日，腾讯上线了一个小程序，名为“视频号推广”，主要功能为“联动微信生活”“增加视频号曝光”“低门槛推广”，往下拉，就会发现有“立即推广动态”“进入推广管理”两个按钮。

此举意味着，腾讯对视频号的商业转化有点迫不及待了。当时，视频号的内测其实尚未结束，视频号都还没全部开放，微信内部已经开始布局收割视频号运营者。据测试，运营者要想推广自己的视频号动态，首先要注册成为“广告主”并充值，然后才可“创建推广”，DIY 设置“期望获得曝光量”“推广人群”“曝光时间”等。这个玩法和抖音的 DOU + 类似，玩家在平台给的流量之外，再自己花钱购买流量推广自己创作的内容。

这是腾讯对视频号商业转化的首个动作。目前，该小程序尚在内测阶段，视频号运营者可以理解为属于内容创作者的春天来了。

因为现在已经有很多“民间”的、“野蛮粗暴”的玩法，为视频号点赞、完播、评论。很多人都被拉进一些视频号付费点赞完播群，里面的群友都是真实的微信用户，运营者如果要推广视频号，每个点赞 + 完播的成本从 0.2 元到 0.4 元不等。

如今，腾讯官方推出导流利器，对于视频号运营者不失为一个好

消息，毕竟视频号导流黑产提供的微信用户未必精准匹配运营者的视频号定位，也不一定是视频号的目标受众。

2. 信息流广告

信息流广告是新闻客户端或社交软件最常见的广告形态之一。

今后，我们刷视频号“关注”频道时，至少会出现两个位置的信息流广告：其一，首屏第一条视频是品牌广告；其二，下拉第三、第四屏里出现品牌广告。这些品牌（商家）并非运营者关注的用户，这个模式和微信的朋友圈广告一样，是平台强推给运营者的。

3. LBS 广告

所谓 LBS（Location Based Services，基于位置的服务），是利用各种定位技术来获取定位设备当前的所在位置，通过移动互联网向定位设备提供信息资源和基础服务。这种技术服务运用到微信视频号，就衍生出 LBS 广告。

届时，视频号用户点开“附近”频道时，除了显示周边普通用户的视频内容外，还可能显示品牌商家的视频。此类商家主要有餐饮、休闲饮品、电影院、休闲场所等实体店，付费的商家优先展示。

商家可以通过视频附带的公众号文章链接、视频内的同款产品功能直接卖货、提供订位服务等。视频号的“附近”频道，或将成为中小实体店流量的超级入口。

所以，做餐饮、奶茶、咖啡等的商家，应该早日布局视频号，先玩起来，想要推广时则可选择“视频号推广”。这逻辑和“微信朋友圈广告”一样，自己充值、设定曝光时间、人群、区域，精准导流。

4. 视频内电商广告

电商向来是腾讯的短板，5G 时代来临，微信适时推出视频号，或许能让腾讯在社交电商领域崭露头角。

届时，视频号的视频可能开通购物车功能，直接链接到小程序，用

户就可以直接购买“视频内同款产品”。作为平台方,有两种盈利方式:

(1)按销售额提成;

(2)用户充值开通电商功能,可以是视频号运营方充值,也可以是产品方充值。

5. 付费内容广告

2020 年 6 月,视频号改版,新增了“热门”频道。

那何为“热门”视频呢?按照视频号的分发推荐机制,视频号官方并不是根据运营者的人物画像、喜好来推荐视频,而是基于运营者的微信好友圈,实现“私域流量裂变”,向运营者推荐朋友的朋友发布的视频。

所以,理论上“热门”频道里的视频,应该是“多位朋友”点赞或评论了的视频。当然,另外一种可能就是视频内容非常有趣、有料、好玩。但未来视频号用户可以通过付费方式将某条视频推为“热门”视频,让该视频出现频道的首屏位置。

第九章

安全意识：微信视频号运营规范

“无规矩不成方圆”，视频号官方为了更好地维护平台的稳定，保证平台有序运营，推出了一系列具体的规范和准则。这些规范和准则涉及视频号运营的方方面面，尤其是在内容方面，有一些规范和禁忌是必须严格执行的，否则可能被封号。

第一节 官方安全提示

一些运营者为了获得粉丝关注，会发布一些敏感甚至是违规的内容。很多时候内容刚刚发布，就会被视频号官方封禁。除了内容封禁，违规严重的运营者还会被限制流量，甚至是封禁账号。对于那些拥有一定粉丝基础的运营者来说，封禁账号的后果是不可想象的。

一、运作视频号，一定要有安全意识

运作视频号，一定要有一个意识——安全第一！

运营者花了半年、一年甚至更长的时间，运营出来的一个有一定数量粉丝的账号，因为缺乏安全意识，一不小心违规了，被限流或者封号，那就会功亏一篑、得不偿失。

这个安全意识，主要包括内容上的安全意识和推广上的安全意识。

内容上的安全意识，就是不能发布违规信息。

推广上的安全意识，就是不能诱导用户。

二、《微信视频号运营规范》

如何加强安全意识？强烈建议运营者认真阅读《微信视频号运营规范》。

《微信视频号运营规则》如下：

一、原则

我们一直致力于为用户提供优质的服务体验和网络信息，为了更好地维护安全、有序、绿色的网络信息空间，我们确定以下运营基本原则，不仅作为平台使用者一切权责的基础，更期待你与我们携手共同维护平台运营秩序、规范自律、互融共进。

1. 诚实使用

使用虚假的信息创建账号、故意误导他人、干扰真实的平台数据以及其他弄虚作假的行为，将损害平台每一位用户的权益，这是不被允许的。

2. 分享好的内容

平台提倡分享优质的内容信息。不允许传播对他人有害、令人极度不适、不利于青少年身心健康等不良信息。

3. 不干扰他人

用户自主使用视频号的前提是不得干扰其他用户的使用，包括直接或间接的干扰。

二、须遵守的协议和规范

使用微信视频号的服务或接入微信视频号平台（简称“平台”），你必须阅读并遵守《腾讯微信软件许可及服务协议》《微信公众平台服务协议》《微信个人账号使用规范》《微信公众平台运营规范》《微信开放平台开发者服务协议》《微信外部链接内容管理规范》等相关协议及专项规则。本运营规范是在上述协议及规则基础上进行解释和说明，相关内容和举例旨在帮助你更加清晰地理解和遵守相关协议和规则，以便能够更加顺利地使用，而不是修改或变更上述协议及规则中的任何条款。

三、账号有序注册

1. 一个微信账号只能注册一个视频号。

2. 账号名称应当与简介的内容相符，且不得与已注册成功的账号名称重复。

3. 账号名称、头像、简介等资料涉及色情、暴力等违法违规内容的，将不能注册。

4. 账号名称、头像、简介等资料需保证客观、可识别、可信赖，禁止具有夸大性、广告性（包括各种形式的推广、营销、商业宣传）和误导性的表述。不得仿冒公众人物或造成用户误会与公众人物有关，不得侵害他人姓名权、名誉权、肖像权、隐私权、知识产权、商业秘密以及其他合法权利。

5. 无正当理由，账号名称与他人法律上的在先权利（如商标权）、微信公众平台已有的公众号名称、其他平台有广泛知名度的账号名称重复或存在混淆的，可能会无法注册。任何以包括但不限于添加无实质意义的字母、符号等方式作为避开、绕开名称规则的账号，也可能无法注册；已经注册的，也将视为违反本规范的行为予以处理。

6. 账号名称禁止使用以下名称：

6.1　中国的国家名称、国旗、国徽、军旗、勋章以及中央国家机关所在地特定地点的名称或者标志性建筑物的名称（国家机关名称只有对应的政府机构才可使用，外资或合资企业名称中包含“中国”的，可以使用，如“宝洁中国”）；

6.2　外国的国家名称（国外驻华领事馆等外国驻华机构全称包

含该国家名的，可使用，如“美国驻华领事馆”）；

6.3　带有民族歧视性的；

6.4　夸大宣传并带有欺骗性的，如：“国酒”（不可包含夸大性的修饰形容词汇），“中国第一酒”（因为没有哪个酒的品牌可以称自己为中国最好的酒）；

6.5　有害于社会主义道德风尚或者有其他不良影响的；

6.6　有歧义、误导用户的，包括但不限于：冒充其他公司品牌，利用命名进行夸大宣传；

6.7　日常通用的名词、名称或词汇的，例如：正能量、吃货、星座、运势、爱情、健康、养生、百科、段子、娱乐圈、网游等词汇。企业的简称为日常通用的名词、名称或词汇的，平台有权要求使用完整的企业/机构名称作为名称；

6.8　单独以地域名为名称的（举例：北京、上海、深圳等）。

7. 批量注册大量相似视频号的行为将会被禁止。

四、禁止恶意使用

恶意使用，是指利用视频号以各种形式实施影响用户体验、危及平台或微信安全及损害他人权益的行为。一经发现，腾讯将根据违规情况对视频号及微信号采取相应的处理措施，并有权拒绝向违规账号主体提供服务。恶意使用具体包括但不限于以下行为。

1. 不当注册

1.1　恶意注册使用视频号，如频繁注册、批量注册、提供虚假信息注册视频号、买卖视频号及相关功能、使用违法侵权信息进行注册。

1.2　擅自使用他人已经登记注册的企业名称或商标，侵犯他人企业名称权或商标专用权。

1.3　擅自使用他人姓名、肖像，侵害他人姓名权、肖像权等合法权益。

2. 篡改功能

对视频号的功能、页面或文案等内容进行篡改,影响微信或视频号的原本功能、用途或意义。

3. 使用外挂

未经微信书面许可,使用插件、外挂或其他第三方工具、服务接入微信和相关系统。

4. 诱导用户

4.1　利诱用户进行分享、关注、点赞和评论。比如,以某种奖励进行诱导,包括但不限于:邀请好友拆礼盒,集赞,分享可增加一次抽奖机会等。

4.2　胁迫、煽动用户分享、关注、点赞和评论。比如,用夸张、诅咒性质言语来胁迫、引诱用户分享,包括但不限于使用这些用语:“不转不是中国人”“请好心人转发一下”“转发后一生平安”等。

5. 刷量刷粉

5.1　使用任何非正常手段获取包括但不限于粉丝、点赞、评论、阅读量等的虚假数据,包括但不限于利用第三方运营平台、外挂软件、系统漏洞在微信软件及服务中进行刷粉的行为。

5.2　制作、发布与刷量刷粉行为相关的方法、工具等内容,或对此类方法、工具进行操作或传播,无论这些行为是否出于商业目的,也将被严厉处理。

6. 违法营销

6.1　利用视频号实施诈骗、传销、走私等违法犯罪行为,销售任何国家法律法规禁止和限制销售的商品或服务,包括但不限于枪支弹药、爆炸物、管制刀具、珍稀野生动植物、医疗服务、医疗器械、药物和保健品、烟草、证券或期货等投资类有偿咨询内容等。

6.2　以任何形式参与、鼓励、促进或诱导他人排斥正常商业竞争的行为，或为前述行为的传播提供便利的。

7. 恶意对抗

采取技术手段恶意绕开或者对抗平台规则，如以特殊代码、排版、画面设置等技术手段恶意躲避微信系统检测及违规处罚。

8. 干扰其他用户

8.1　侵扰用户安宁、造成用户使用体验减损或者影响软件正常使用和运行，如频繁发送骚扰信息、垃圾信息、广告信息，过度营销或商业推广。

8.2　传播由第三方软件、网页或终端生成的具有识别、标记功能的特殊识别码、口令类信息，包括但不限于对用户造成诱导（比如，诱导点击、浏览、关注、使用）或骚扰、以欺骗手段获取用户个人信息以及可能存在安全隐患的特殊字符集、特殊标识、特殊代码以及各类口令等。

8.3　传播违反《微信外部链接内容管理规范》的链接内容或域名，包括但不限于因违规已被限制或禁止在微信内传播的链接内容或域名。

9. 使用不实身份

9.1　在账号注册时仿冒他人，使用虚假信息进行注册；冒充他人发布内容，或其他故意让用户产生混淆的行为。

9.2　冒用身份，使用他人特征性信息，足以误导其他微信用户的。例如：视频号名称为某公司著名游戏产品名称，且在个性签名中暗示或明示其为该游戏产品的客服人员。

10. 对他人进行人身攻击

公然侮辱他人、公然败坏他人名誉或损害他人人格的行为。

五、不得传播不良信息

我们希望让用户在视频号上看到真实、安全的内容。真实与安全，有助于更优质的分享。传播不良信息的行为一经发现，腾讯将根据违规情况对视频号及微信号采取相应的处理措施，并有权拒绝向违规账号主体提供服务。平台禁止传播以下不良信息。

1. 国家法律法规禁止的内容

1.1　违反宪法确定的基本原则的；

1.2　危害国家安全，泄露国家秘密，颠覆国家政权，破坏国家统一的；

1.3　损害国家荣誉和利益的；

1.4　煽动民族仇恨、民族歧视，破坏民族团结的；

1.5　破坏国家宗教政策，宣扬邪教和封建迷信的；

1.6　散布不实信息，扰乱社会秩序，破坏社会稳定的；

1.7　散布淫秽、色情、赌博、暴力、恐怖或者教唆犯罪的；

1.8　侮辱或者诽谤他人，侵害他人合法权益的；

1.9　煽动非法集会、结社、游行、示威、聚众扰乱社会秩序；

1.10　以非法民间组织名义活动的；

1.11　不符合《即时通信工具公众信息服务发展管理暂行规定》及遵守法律法规、社会主义制度、国家利益、公民合法利益、公共秩序、社会道德风尚和信息真实性等“七条底线”要求的；

1.12　含有法律、行政法规禁止的其他内容的。

2. 侵犯他人合法权利的内容

2.1　发送或传播侵犯他人知识产权的内容，如发送或传播侵犯他人著作权、商标权、专利权等内容的；

2.2　未经授权发布他人身份证号码、联系方式、家庭住址、微信号、照片等个人隐私资料，侵犯他人肖像权、隐私权等合法权益的；

2.3　捏造事实公然丑化他人人格，或者通过侮辱、诽谤等方式损害他人名誉、荣誉，侵犯他人名誉权、荣誉权等合法权益的；

2.4　未经授权发布企业商业秘密，侵犯企业合法权益的；

2.5　其他侵犯他人合法权益的行为。

3. 不实的信息

本规范所称的不实信息，指没有相应事实基础，通过捏造或扭曲事实、隐瞒真相而产生的信息。包括但不限于：

3.1　涉及反对宪法确定的基本原则、社会主义制度、危害国家统一、主权和领土完整、泄露国家秘密、危害国家安全或者损害国家荣誉和利益等政治类不实信息；

3.2　煽动国家、地区、民族、种族、宗教间仇恨、歧视、误解，损害善良风俗的不实信息；

3.3　扰乱社会秩序、引起或可能引起公众恐慌的不实信息；

3.4　宣扬邪教和封建迷信的不实信息；

3.5　与生活常识、公众话题相关的不实信息；

3.6　与腾讯相关的不实信息，或者未经腾讯官方确认、披露或准许而发布的不实信息；

3.7　其他不实信息。

4. 骚扰、煽动、夸大、误导类的信息

包括但不限于以下情况：

4.1　标题含有危害人身安全、惊悚、极端内容；或使用侮辱、脏话词汇，引人不适；

4.2　以浮夸的描述，煽动人群要/不要去做某行为。

5. 危害平台安全的内容

5.1　发送钓鱼网站等信息，诱使用户上当受骗蒙受损失；

5.2　发送病毒、文件、计算机代码或程序，可能对微信消息发送服务的正常运行造成损害或中断。

6. 有损未成年人身心健康的内容

包括但不限于以下情况：

6.1 残害、虐待、体罚未成年人的；

6.2 涉及实施未成年人性侵害的；

6.3 展示校园欺凌的内容；

6.4 其他危害未成年人人身安全和健康的；

6.5 推销或演示可能危害未成年人人身安全或健康的玩具物品的；

6.6 含有未成年人饮酒、吸烟、吸毒行为的内容；

6.7 披露未成年人的个人隐私或有损未成年人人格尊严的；

6.8 展示未成年人婚育的内容；

6.9 宣扬和鼓励未成年人厌学弃学的内容；

6.10 歪曲和恶搞经典卡通形象或供未成年人观看的其他文艺作品。

7. 令人极度不适的内容

包括但不限于出现人或动物自虐、自残、自杀、被杀、吸食注射毒品或违禁药品致残以及枪击、刺伤、拷打等令人极度不适的内容。

六、遵守平台要求

为了视频号平台的安全、有序的运营，用户需要遵守以下平台要求。

1. 视频号多次违规，或者涉嫌存在重大违法违规行为，或者微信有合理理由相信视频号存在其他可能严重损害微信用户合法权益的情况，平台可能会拒绝向该视频号及其使用人提供服务。

2. 视频号可使用已认证公众号为其进行认证，公众号认证主体同意认证即视为同意遵守《微信视频号运营规范》，认证后该视频号视为公众号认证主体使用，相关权利义务由该认证主体承担。未使用已认证公众号进行认证的视频号，由创建时的微信账号主体承担该视频号的相关权利义务。

3. 如果平台发现并有合理理由判断你的账号名称、头像、简介、背景图片以及发布的内容、评论存在较高的侵权可能性（比如，信息带有权利标识但缺乏授权、内容来源明显不当），可能会自动限制该部分信息的传播。

4. 发布利用新技术（如虚拟现实、深度学习）生成或合成的非真实的音视频内容，应进行显著的标识，避免对其他用户造成误导、混淆。

七、其他

视频号的内容是由用户自行上传的内容，虽然平台禁止传播不良信息，你仍须对内容进行审慎判断。

本运营规范为动态文档，我们有权根据相关法律法规更新或产品运营的需要对其内容进行修改并更新，你可以及时查看以便获得最新信息。

如需申诉，可将证明材料发送至邮箱 channels@ tencent. com。

第二节 注意规范之外的禁忌

除了这些官方明令禁止的行为外，还有一些没有明确规定，但依然不能轻易触碰的规则，否则会影响视频号内容运营的展开。因此，运营者很有必要花费一定时间去了解这些潜藏于“桌面底下的规矩”。

一、三观不正

这里所说的三观不正并不是说运营者的观点与大众主流观点不一致，而是特指那些价值观已经严重扭曲的运营者。

如果要将不正确的三观呈现给其他人，尤其是呈现给那些三观还未形成的未成年人，就会造成不可想象的后果。

比如，有的运营者会在视频里传达出“传播读书无用”的信息，如果让读书无用、不劳而获的价值观在平台传播，很容易影响年轻人价值观的形成。如果让那些三观不正的运营者通过视频号获得了财富、成了典范，那么那些还不成熟的未成年人就很容易受其影响，去接纳并效仿此类价值观行为。

有的运营者喜欢在视频中炫耀财富，这一点无可厚非，只要是通过正常渠道获得的财富，都是合情合理的。但如果过度崇拜金钱，在平台上炫耀那些通过不正当手段获得的财富，来满足自己的表现欲望，这就是三观不正的表现。

二、夸张表演

一些运营者在视频中采用作秀或是扮丑、扮傻的方式来吸引粉丝关注，这类行为也是平台所反对的。虽然这类视频没有触犯相关法律规定和平台规范，但其所表现出来的更多是负面内容。

夸张表演类的视频内容会让粉丝感觉非常“假”，粉丝想要看到的是真实社会生活的反映。不少平台上，有的账号通过这种“夸张表演”的方式火了起来，但从长远来看，平台官方都会对这种情况进行管理，粉丝也会逐渐看透其本质，不再关注这些无意义的内容。

这里所说的夸张表演类视频内容，并不是那些搞笑类、模仿类或是吐槽类的原创内容。而是指那些如“炫富式假摔”一样，毫无意义、毫无价值的过度表演，其所传递的是负面的、不正确的思想内容。

三、乱蹭热度

蹭热度是短视频平台上一种常见的内容运营方法，这种方法在应用时需要把握时机和尺度，如果时机没选对，或是尺度上超出了正常范围，就很容易出现乱蹭热度的现象，由此造成不良影响。

一些运营者在做内容运营时，针对热点问题发表自己的观点，大肆散播体现错误信息和观念的内容。虽然其表达的只是个人观点，但平台会从作为一个公众平台的角度评估。一旦出现负面影响，平台不可能视而不见的。

第三节 微信没告诉你的 TIPS

基于前文所说的微信视频号“私域流量裂变”的分发、推荐机制，我们在刷视频号时，系统推荐给用户的未必是用户喜欢、感兴趣的，但一定是用户的微信好友点赞过的。

每个人的微信好友构成非常复杂，未必都是同道中人，所以我们经常会在视频号看到一些你其实并不感兴趣，甚至反感的视频，如何避免此类情况呢？

微信视频号隐藏了一个屏蔽功能，用户可以选择少看或者不看不感兴趣的视频内容。点开视频左下方点赞朋友的图标，会弹出点赞此视频的微信好友，每个好友后面有个“小眼睛”图标，单击此图标即可屏蔽此人今后点赞的视频。

屏蔽功能：不看朋友推荐

后记

愿我能激发你的好奇心和热情，愿你乐于尝试和抓住机会

钟二毛

1

这是我第13本公开出版的图书。之前的12本，全部都是文学书，以小说为主，之外有1本思想随笔集、1本专栏随笔集和1本诗集。

一个搞文学的作家，怎么出了本教人做视频号的书？这是个有点奇怪的问题。

可对于我来说，一点也不奇怪。

因为视频号是大众传播的一种媒介形式，也是一种媒体，而研究大众传播，做媒体，是我的老本行。

甚至可以说，是我的“饭碗”。

2

从1999年大学毕业至今，工作的21年里，我从事了16年大众传播工作。我原来工作的单位叫深圳特区报，属于党报，是中国市场化程

度最高的党报之一。

在报社做记者时，我采写的报道获得过深圳市、广东省，甚至全国的各类新闻奖。后来，随着微博、微信的出现，报社成立新媒体部，我便调入新媒体部工作。

我在传统媒体工作的岁月里，媒体形式一直在变。

伴随传统媒体一起发展的互联网媒体，先后出现了网络 1.0、2.0、3.0、4.0 时代。我一直被裹挟和“深陷”其中，也获益其中。

网络 1.0 时代：门户网站时代

网络 1.0 时代有新浪、搜狐、网易、腾讯，四大门户网站。这个时代的特点是网络信息单向传播，门户做什么，用户看什么。

网络 2.0 时代：博客时代

网络 2.0 时代的标志是 2005 年新浪博客的上线。在新浪博客上线前，中国也有过博客，比如，“博客中国”“中国博客网”，但因为不是全民性的，所以影响力不大。新浪推动了博客的发展。博客的意义在于：博主是生动的个人，生产内容的个性化。另外，关键一点，博主和用户可以互动了，且是个人与个人的互动。

网络 3.0 时代：微博、微信时代

相对 2.0 时代，这个时代最重要的变化是能随时随地记录和发布信息。之所以能够随时随地，是因为智能手机的出现和普及。

最早做微博的，依旧是新浪。2009 年 8 月 14 日，微博第一天内测。当时，我的一位名叫陈诗莹的本科同学在新浪微博部门工作，她在 9 月 1 日帮我注册了微博。发布的第一条微博，我记得很清楚：“天这么热，我却戴上了‘围脖’。”我还记得，当时新浪为了推广微博，还给部分用户和媒体单位赠送了第一代苹果手机，当时大家用“爱疯”二字戏称这款手机。

微博能随时随地发布 140 字消息，人人都是记者，而且是摄影记者兼文字记者。微博转发不就是报纸文摘和电视台转播！这里有商机！这是我当时的嗅觉。于是我额外注册了几个微博，有发段子的、有发本地信息的、有发社会热点新闻的。带着一个跟我的实习生，哗哗地，几个账号很快做起来。

既然人人都是记者，那微博自然还有舆论监督功能。传统新闻人骨子里的“铁肩担道义”精神，也在微博里延伸了。当时深圳最火的民社新闻电视节目“第一现场”多次引用我的微博内容，或采纳为新闻线索。这让我很有成就感。

微信公众号也是一样。2012 年 8 月，微信公众号开放，2013 年 2 月功能基本完善。我是 3 月注册的，基本上日更到现在！按照微博时代的“打法”，除了自己的“钟二毛”账号，我先后开设了多个不同类型账号，粉丝多的有近百万。微信公众号的“黄金时代”是 2015 年到 2018 年，主要变现形式是广告投放。

网络 4.0 时代：短视频时代

短视频时代以抖音、快手，包括现在的微信视频号为代表。它们跟图文传播完全不同。抖音爆发在 2018 年，快手早一点，2015 年。这时的我，已经人到四十了。曾经体验过快手和抖音，发现其调性都不适合我，因此没有深度介入。2020 年 4 月 23 日“世界读书日”，抖音官方和《读者》(校园版)联合做了一个直播活动，邀请了我，我登录抖音时才发现，有四五个账号冒用我的头像、名字、简介在发布相关视频。这些账号都被我一一举报、注销——这也是一件有趣的事。

3

终于讲到微信视频号了。

我对新的媒介形式真的很敏感。2020 年 1 月 20 日，微信官方信息第一出口——微信公众号“微信派”发布视频号内测的文章。文章公布了申请内测的方法。我立即把文章转发给我的写作群和几个好友，叫大家关注这个动向。没多久，这篇文章不知道为何被删除了，但微信视频号，于次日，确实开始内测了。2 月 9 日，微信团队的工作人员为我开通了视频号内测账号，我也正式开始了视频号的体验、创作和研究。

视频号一上手，就发现很适合我。它确实与抖音、快手是两个截然不同的体验。正如我书里写到的那样，娱乐在视频号里不是主流，小哥哥、小姐姐各种酷炫、各种审美单一且枯燥的“舞蹈”，更不是主流。它更多的是知识、干货、技能的分享。同时，视频号不是系统推荐机制，而是需要靠你自己去推广，去征服你的熟人、朋友。这与微信公众号是一个调性——有料没料，靠你自己。

同时，视频号非常“克制”。比如，一开始的内测申请有限制且复杂、“关注”按钮隐藏得很深以及不双向开放私信功能等。这都是官方刻意让创作视频的人经历“煎熬”（一条视频就爆火，是不可能的），只有靠积累来证明自己。同时也不让粉丝受到群发广告的骚扰，这也是微信这款产品之所以成为国民 App 的深层次原因。

视频号就是为乐于分享、确实有料的人提供的一个平台。这句话有两个关键词：乐于分享和确实有料。乐于分享，你必须愿意分享，把自己肚子里的“货”无私地分享给大家。确实有料，你分享的东西，他人看了有收获。那么，要想让他人因为你有收获，又倒逼你不停地学习、进步。这是一个良性循环。

发现视频号的“好”之后，我投入了大量的时间和精力。从 2 月 9 日开通视频号起，一直到 8 月份，我每天（是的，每天！）至少花费 12 小时,学习、实践、测试、研究、写心得体会,观察大量的账号和视频作品,并做笔记。每天脑子里全是视频号。时间也是很“配合”:疫情当前,别的工作都停了,恰好有大量的时间来琢磨这件事。

2 月 25 日,我就在我的微信公众号上发布了自己的阶段性研究成果:《除了看见实名马化腾,内测中的视频号还有啥?》这篇文章,腾讯网第一时间全文转载,影响力很大。

4 月份,我开始正儿八经测试自己的研究成果,以知识付费的形式,近千人付费学习。他们都是普通人,都希望抓住视频号这个机会。这近千人,全部来自朋友圈好友,没有做任何的裂变、分销。我想通过征服熟人好友的方式,逼迫自己把课程做扎实。

你现在读到的这本书,既是我半年时间钻研、实践的结果,也是对近千名普通学员的疑惑和难点的系统梳理和逐一解答。

同时,这本书还有知名品牌营销专家——我的老友佐强先生的很多有价值的分享。他的加入,让这本书的内容更丰富和全面。

这本书适用每个对视频号、对短视频、对新媒体感兴趣的朋友。它是实操干货,拿起来就可以用;也全是知识点,在不少重要知识点里,我还解释了它背后的大众传播学、传播心理学原理,让你“知其然”,并“知其所以然”。有了这些“所以然”,等下一个新媒体风口出现,你会比其他人更胸有成竹。我甚至愿意说远一点:学东西,“所以然”很重要,一定要看懂本质、规律,而技巧,相对于本质、规律,“轻”很多。本质、规律不容易变,技巧是流水,容易变。

同时,全书通篇大白话。

机会永远就是这样:它出现了,你看到了,别人也看到了,就看谁抓住了。在我看来,视频号就是个机会。

但愿,这本书,能够激发你的好奇心和热情,抓住机会,或者至少去尝试一下,去表达,去分享。要知道,这是一个鼓励分享,且给分享以回报的时代。

你也可以关注我的视频号"钟二毛"或其他任何一个自媒体,期待与你交流。

最后,真诚地,祝你好运。

授人以鱼，不如授人以渔

佐　强

（一）

敲完这本书稿的最后一个字时，我所在的城市深圳虽已入秋，但丝毫没有秋意。

在这个没有四季的城市，我已工作、生活了近18年，这18年我一直深耕于品牌营销、媒体公关领域。

2003年3月，尚未大学毕业的我来到深圳，在一家酒类行业杂志实习做记者。偶然的一次采访机会，让我成功应聘到原金威啤酒集团（现粤海置地）品牌管理部。从2003年8月到2015年9月底，我亲历了金威啤酒从一个区域品牌，成长为全国性品牌，再转型为地产公司的全过程。

12年间，我和同事分别操盘了金威啤酒冠名中超联赛（两年）、冠名深圳足球队、冠名金钟奖和携手深圳世界大学生运动会等大型品牌营销项目。正是这些宝贵的经验，让我这个一心想做新闻的媒体人，得以在品牌营销领域快速成长，并积累了大量的资源和实战经验。

9年前，我创立了一家公司，名叫传颂文化，主做品牌营销。服务的客户既有中国平安、稳健医疗、沃森生物、六福珠宝等上市公司，也有全棉时代、乐凯撒披萨这样的行业独角兽。

不管是在体系成熟的大公司工作，还是自己创业，我都会遇到一个问题：授人以鱼？还是授人以渔？

从长远的角度看，肯定是授人以渔，但品牌营销工作很多时候都讲究时效性和效率。因此，往往会“授人以鱼”，因为改一篇新闻通稿的时间，可能够你亲自撰写一篇了。

所以，作为一个优秀的管理者和领导者，一定要在平时多“授人以渔”。

在这点上，我的多年好友钟二毛就做得非常好。

（二）

作为知名作家、导演，二毛兄虽然没有涉足品牌营销领域，但对新媒体的接受度远胜于我。同时，他还“好为人师”，在闲暇时喜欢创建各种微信群，教人写作、玩视频号。

他开通视频号比我早，3 月中旬还“语重心长”地给我发了一条语音，提醒我“重视这玩意（视频号）”。其实，作为资深营销人士，我很早就关注视频号的发展动态，并对它保持持续的关注和研究。

3 月 7 日，奢侈品品牌 LV 入驻视频号后，我发了一条朋友圈，写道：目前视频号还处于内测阶段，高端奢侈品品牌如此快速地决策并成功入驻，这是一个值得所有品牌人思考和重视的信号。

3 月中下旬，Prada、Dior、Burberry、Gucci 陆续进驻视频号，我预感到，下一个风口已到来。由此，我更关注视频号如何助力企业的品牌营销及未来的商业变现之道。6 月初，我在微信公众号“佐强频道”上连续发布了两篇关于视频号的文章《视频号悄然改版，腾讯商业变现的四大猜想》《玩视频号，这 7 个变现创收方式你知道吗》，文章发布后被百度收录。6 月中旬，在百度搜索关键词“视频号”时，此文跻身搜索结果首页的 TOP4。

随着越来越多的客户对视频号产生好奇，甚至已躬身入局，我时不时地接到各种咨询，诸如如何开通视频号、一个视频能发多少秒内容、怎么剪辑、传播路径怎样等问题。

这些看似简单的问题，逐一解答既耗时又费力。因此，5 月中旬，在与二毛兄的一次闲聊时，他提议合著一本视频号指南时，我毫不犹豫地答应了。原因有二：其一，这本书可以帮我快速解答那些“小白”的问题；其二，著书的过程也是自我学习的过程。利人利己，何乐不为？

（三）

美国科技杂志《连线》创始主编凯文·凯利在他的那本畅销书《必然》中，疾呼“在信息丰富的世界里，唯一稀缺的资源就是人类的注意力”。

是的，当下是一个信息过剩的时代，我们每天都被各种信息包围着、裹挟着。个人的价值输出、企业的品牌信息如何快速出圈，有效到达目标受众，从而实现有效的价值转化，这应是所有立志打造个人 IP 和品牌的人需要思考的问题。

为了解决了这个问题，我和钟二毛兄倾尽各自所学，付诸纸面，著成此书。即便是“小白”，读完此书，也能轻松玩视频号，打造个人品牌。

最后再啰唆两句，提醒大家为何要重视视频号。

首先，5G 时代已到，最容易享受 5G 红利的便是短视频内容创作者。有专家预言，未来两年，短视频内容将迎来井喷期，中国传媒整体业态格局或将发生重大改变。

其次，视频号是依托微信生态的战略级产品，在腾讯内部的定位无须赘言。深究其分发、传播的底层逻辑和商业变现路径，你就会发现，视频号绝对是一个宝藏级产品，因为视频号已打通了微信公众号、微信小程序，已形成从创作——传播——交易——支付的闭环。

过去已去，未来已来。

别再懊恼没赶上微博时代，也别眼红靠微信公众号、抖音、快手赚到钱的人，现在赶紧登上“视频号”这部呼啸而来的时代列车。